Transformación de la Educación en México

Los modelos educativos a través de la historia

I0116102

AUTORES:

Mauro Conde Martínez

José Luis Verdugo Hernández

Margarita Elizabeth Prieto Salgado

COLABORADORES

Claudia Estela Salazar Peña

Arely Rangel Luna

BSC

BSC

Transformación de la Educación en México
Los modelos educativos a través de la historia

B Sides Collection 2014
© Mauro Conde Martínez
© José Luis Verdugo Hernández
© Margarita Elizabeth Prieto Salgado

ISBN-13: 978-0692382554 (B Sides Collection)

PUNTOS DE PARTIDA EN LA HISTORIA DE LA EDUCACION MEXICANA.

El presente trabajo versa acerca de la historia de la educación en México, por su extensión y por la profundidad que se hizo en el uso de las fuentes no es propiamente un trabajo de investigación aunque para su elaboración se haya hecho acopio de alguna bibliografía mínima y usando las facilidades de la red de internet, se consultaron sitios especializados en el tema. Por ello es que con estos recursos bibliográficos se puede decir que aspiramos a lo sumo a presentar un ensayo que apunte a los hechos más relevantes que caracterizaron las políticas gubernamentales a lo largo de las primeras décadas del siglo XX hasta la gestión del Lic. Adolfo López Mateos. Aspiramos en este sentido a que las siguientes líneas puedan servir como una información de primera entrada al interesado en este tema.

La historia de la educación en México es muy extensa y para narrarla se han escrito grandes volúmenes y corrido mares de tinta, no obstante, nuestra intención fue solamente abordar los aspectos más relevantes hasta la gestión del Licenciado Adolfo López Mateos. Hicimos este corte histórico porque se consideró que durante los años sesentas, se cumplió en buena parte con el propósito inicial que era el de dar cobertura en todos los niveles a una población mexicana que crecía a un ritmo acelerado y por lo mismo, demandante del servicio educativo, sobre todo en los primeros ciclos; otro aspecto toral de la agenda de los gobiernos en estas primeras décadas fue acabar el lastre que esos años significó el analfabetismo.

En nuestro trabajo destaca en primer plano la figura de José Vasconcelos, primer Secretario de Educación de nuestro país, maestro y pensador de lo que debería de hacer el Estado por sus habitantes en materia de cultura.

En otra dimensión se aborda, lo que las diferentes gestiones presidenciales hicieron en materia educativa para dar respuesta a los cambios sociales que se estaban generando. La naciente industrialización del país demandó de quienes estuvieron al cargo de la Secretaría de Educación en esos sexenios a delinear políticas para dar respuesta a ello. También a crear escuelas e instituciones técnicas donde se formaron los mexicanos que se insertaron en esa industria.

1-LA POST REVOLUCION.

La historia de la educación en México a lo largo del siglo XX puede partir de la creación de la Secretaría de Educación Pública en 1921 cuando se nombró al licenciado José Vasconcelos para encabezarla.

El esfuerzo de crear una institución que se hiciera cargo de la educación tenía un antecedente: Basadas en el ideario Carrancista acerca de la autonomía municipal, en la Constitución de 1917 se había eliminado la Secretaría de Instrucción Pública y Bellas Artes que sólo atendía al Distrito Federal y los territorios federales, esto debido a que los municipios hasta ese momento habían sido incapaces de afrontar la problemática educativa y que hizo crisis en 1919 cuando se pagaron las consecuencias por la falta de una adecuada organización: Por citar un ejemplo, en el Distrito Federal solo operaban 148 de las 344 escuelas existentes en 1917.

Los tiempos políticos trajeron al poder a Adolfo de la Huerta, y con él se iniciaron los cambios para remediar este estado de cosas. Como primera medida la función educativa que tenía el gobierno del Distrito Federal fue asumida por el Departamento universitario y en concordancia con el artículo tercero de la Constitución Mexicana era imperante desarrollar programas a nivel nacional.

En ese sentido es que la creación de una Secretaría de Educación Pública Federal tendría que venir acompañada de una reforma constitucional; mientras tanto, el Licenciado José Vasconcelos Calderón, se convirtió en rector de la Universidad Nacional quien se había revelado como uno de los más firmes partidarios de dar a la educación carácter federal.

Estando en funciones el Lic. Vasconcelos y preocupado por la educación nacional en los distintos niveles educativos y ante todo con una visión de Estado en el que la educación llegara a todos los mexicanos, depuró las direcciones de los planteles, consciente de la pobreza del pueblo, inició el reparto de desayunos escolares pero al interior de la misma secretaría ordenó sus funciones con una estructura departamental. El primero de ellos El Departamento Escolar en el cual se integraron todos los niveles educativos, desde el jardín de niños hasta la universidad.

El segundo departamento llamado Departamento de Bibliotecas, tuvo como objeto garantizar los materiales de lectura para apoyar la educación en todos los niveles, y pendientes del desarrollo artístico se creó El Departamento de Bellas Artes, especialmente dedicado a la coordinación de las actividades artísticas complementarias de la educación.

El analfabetismo a nivel nacional y la problemática de la educación indígena también dieron pie a la creación de otros departamentos para combatir problemas de esa naturaleza.

Con este panorama fue que el Lic. Vasconcelos asumió la rectoría de la educación bajo el paradigma de la vinculación de la escuela con la realidad social y esto se advierte en el discurso que dio en su toma de posesión:

"Al decir educación me refiero a una enseñanza directa de parte de los que saben algo, en favor de los que nada saben; me refiero a una enseñanza que sirva para aumentar la capacidad productiva de cada mano que trabaja, de cada cerebro que piensa [...]Trabajo útil, trabajo productivo, acción noble y pensamiento alto, he allí nuestro propósito [...] Tomemos al campesino bajo nuestra guarda y enseñémosle a centuplicar el monto de su producción mediante el empleo de mejores útiles y de mejores métodos.

9

Esto es más importante que distraerlos en la conjugación de los verbos, pues la cultura es fruto natural del desarrollo económico [...]"

Con estas ideas se creó por decreto la Secretaría de Educación Pública el 3 de octubre de 1921 y se publicó en el Diario Oficial de la Federación,

El 12 de octubre del mismo año, el Lic. José Vasconcelos asumió la titularidad de la naciente Secretaría. Una nota de prensa de la época lo refirió de esta manera:

"En sus inicios la actividad de la Secretaría de Educación Pública se caracterizó por su amplitud e intensidad: organización de cursos, apertura de escuelas, edición de libros y fundación de bibliotecas; medidas éstas que, en su conjunto, fortalecieron un proyecto educativo nacionalista que recuperaba también las mejores tradiciones de la cultura universal."

Lic. José Vasconcelos. Tomado de Internet

Como resultado se advirtió un importante incremento en pocos años. En 1921 el número de maestros de educación primaria aumentó de 9,560 en 1919, a 25,312; es decir, se registró un aumento del 164.7 por ciento; existían 35 escuelas preparatorias, 12 de abogados, siete de médicos alópatas, una de médicos homeópatas, cuatro de profesores de obstetricia, una de dentistas, seis de ingenieros, cinco de farmacéuticos, 36 de profesores normalistas, tres de enfermeras, dos de notarios, diez de bellas artes y siete

11

de clérigos.

La gran cruzada contra la ignorancia se vio cristalizada en las Misiones Culturales. Creadas desde la Secretaría de Educación Pública, buscaban promover el mejoramiento económico, cultural y social integrando a los campesinos e indígenas a un mundo racional y civilizado que eliminara los fanatismos y los vicios que tanto aquejaban a estos segmentos de la población considerada como la más desprotegida.

El papel de los maestros misioneros ambulantes era detectar dentro de la geografía mexicana centros donde se necesitara instalar una misión de este tipo, luego el maestro misionero buscaba a los maestros que atendieran a ese centro y vincularlos con la comunidad.

El número de maestros misioneros fue creciendo al paso de los años y su eficacia se dejó sentir. Al inicio, en abril de 1922 había 77 misioneros y 100 maestros rurales residentes, para 1938 el número ascendió a

17,047 maestros rurales. Durante este periodo (1922-1938) se benefició a más de medio millón de personas que aprendieron artes, rudimentos de la ciencia y cuestiones prácticas como Jabonería y perfumería, curtiduría, agricultura, canciones populares y orfeones, educación física, economía doméstica, vacunaciones, etc.

Con esta lista de materias, en 1924 las misiones se instalaron en 7 centros, la primera en Puebla, la segunda en Iguala, Guerrero; una tercera fue para Colima y la cuarta misión fue instalada en dos ciudades. Culiacán Sinaloa y Hermosillo, Sonora; A Nuevo León le tocó la quinta misión en la ciudad de Monterrey, la sexta en Pachuca, Hidalgo y la séptima en la capital de San Luis potosí del mismo nombre. Un año después las misiones se extendieron a las ciudades de Aguascalientes en Aguascalientes, La Paz en Baja California, Tepehuanes en Durango, Iguala en Guerrero, Tianguistengo en Hidalgo, Metepec en el estado de México, Monterrey en Nuevo León, Tepic en Nayarit, Yolomecatl y Oaxaca en Oaxaca y Puebla en Puebla.

En materia de enseñanza técnica, Vasconcelos rechazó el pragmatismo de la escuela norteamericana ostentada por Dewey, lo que no significa rechazo al trabajo manual: éste se da pero sin descuidar la necesidad del razonamiento y del conocimiento teórico.

El Lic. Vasconcelos, aun como titular del Departamento Universitario, creó el primero de marzo de 1921 la Dirección General de Educación Técnica y a partir de ésta también fueron creadas : La Escuela de Ferrocarriles, la de Industrias Textiles, la de Constructores,

la Técnica de Artes y Oficios, todas ellas buscaban formar hombres eficientes para el trabajo, además, la Nacional de Maestros, la de Artes Gráficas, la Técnica de Taquimecanógrafos y la Escuela Hogar para Señoritas "Gabriela Mistral" y Sor Juana Inés de la Cruz que llegaron a atender más de 6,000 alumnas de todos los sectores sociales, 4,000 por la mañana y 2,000 en los nocturnos.

Por otra parte, el departamento de Escuelas Rurales fue sustituido por el de Cultura Indígena, con esto se buscaba unificar la educación y aunque se hizo no tuvo los resultados esperados pues a menudo se enfrentaron a la resistencia por parte de los niños indígenas para asistir a la escuela y hablar un idioma que no era el materno. Además de estas existieron otras 88 de tipo técnico: mineras, industriales, comerciales y de artes y oficios, 71 de carácter oficial y 17 particulares.

Así fue como en la política educativa oficial se propuso la ampliación de la infraestructura y extensión de la educación, y la elevación no sólo de la calidad, sino de la especialización.

Sin embargo, aún con estos avances, en 1924, Vasconcelos renunció al cargo de Secretario de Educación Pública para, desde la oposición presentar su candidatura a la gubernatura del Estado de Oaxaca.

Salió derrotado en esta aspiración y decidió exiliarse en el extranjero hasta 1928, año en que regresó para contender por la Presidencia de la República en unas elecciones muy cuestionadas pues en su momento se consideró que había habido un fraude, hecho que provocó una insurrección armada que no tuvo éxito.[1] Los años siguientes redactó cuatro libros claves y autobiográficos: *Ulises Criollo, La tormenta, El Proconsulado y La Flama.*

---

[1] A su regreso a México ocupó diversos relacionados con la cultura: director de la Biblioteca nacional, miembro fundador del Colegio de México y miembro de número de la Academia Mexicana de la Lengua. (silla V)

La lucha electoral por la sucesión presidencial de 1924 que desembocó en la rebelión de la Huertista, y las presiones norteamericanas plasmadas en los compromisos acordados en las conferencias de Bucareli, limitaron el proyecto nacionalista que se pretendía en el proyecto de Vasconcelos, pues aunque no se descartó, éste se moderó.

LA EDUCACION SOCIALISTA

Gral. Lázaro Cárdenas del Río. (1895-1970) Tomado de internet.

Otra época o corte sincrónico que es posible hacer en el estudio de la educación en México es el que se impartió en nuestro país durante el mandato o la gestión del presidente Lázaro Cárdenas. El Cardenismo identificado con una posición anticlerical, en ese momento recibió como herencia del "Callismo" no solamente el artículo tercero, sino también el sentimiento antirreligioso. De la misma manera y atento a los grandes problemas nacionales de los cuales habla Molina Henríquez, el Cardenismo asumió como parte de su programa el problema agrario que los anteriores gobiernos habían soslayado o relegado a segundo término como era la entrega de tierras a los campesinos y no solo eso, durante el cardenismo se sentaron las bases de la industrialización en el país.

Las posturas del cardenismo, reparto de tierras e industrialización, fueron las dos grandes vertientes que determinaron el tipo de educación en ese sexenio. Una educación para el campo a través de la escuela rural en donde siguió presente la educación Vasconcelista y una educación técnica que culminó con la fundación del Instituto Politécnico Nacional de donde saldrían los técnicos para promover la industrialización del país. Una nota adicional que habrá que agregar es que la creación del Politécnico en 1937 con un modelo diferente al de la UNAM dependió directamente del Estado y no fue dotado de mecanismos internos que le permitieran elegir a sus autoridades ni para la participación de los estudiantes.

El otro aspecto es que no resolvió el problema de las escuelas secundarias que habían crecido gracias a la presión de los sectores medios, burócratas, comerciantes, profesionales liberales y rancheros, porque veían en la educación secundaria el primer requisito académico para lograr una mejor calidad de vida pues aseguraba en lo posible que el estudiante se inclinara hacia alguna de las carreras liberales con más demanda.

Fue hasta marzo de 1935 que la SEP anunció su decisión de administrar toda la educación secundaria pública y privada con los propósitos de asegurar que ésta fuera accesible y útil a una mayor parte de la población y se sometiera a los principios constitucionales aprobados un año atrás.

Como se había observado en otras ocasiones, las protestas de padres de familia se hicieron presentes, lo inesperado fue la actitud política que presentó la UNAM al tratar de competir con la SEP a través de la creación de una serie de escuelas secundarias, encubiertas bajo el nombre de "extensiones universitarias". Al no recibir respuesta por parte de la SEP antes de un año, la pugna entre UNAM y SEP prácticamente había terminado. De esta manera, entre el quinquenio comprendido entre 1935 a 1940 creció significativamente el número de escuelas secundarias controladas por la SEP pertenecientes a los sectores privado y público.

Imagen tomada de internet.

Entre los pedagogos que influyeron en este periodo, destacó el mexicano Rafael Ramírez y entre los extranjeros Anton Makarenko, Pavel Blonsi, Albert Pinkevich y Moise Pistrak, todos ellos con una fuerte orientación hacia la educación socialista.

Makarenko veía a la educación como un proceso que se produce con esfuerzo y disciplina; entre 1925 y 1935 escribe su *Poema Pedagógico*, en él narra sus experiencias como profesor de escuela cuando fue comisionado para fundar una colonia para delincuentes juveniles, de esa práctica surgió el esfuerzo para crear nuevos métodos en la enseñanza.

John Dewey. Imagen tomada de internet.

Luego permearon las ideas pedagógicas del estadounidense Dewey, filósofo, pedagogo y psicólogo en donde la propuesta de la escuela activa se ajusta a las condiciones del campesino mexicano como escuela de la acción en la que se aprendería a explotar la tierra y además se sentarían las bases para la industrialización.

Como testimonio de lo que se entendía por este modelo educativo, todavía hay quien relate lo que en su momento se entendió por educación socialista y que en la práctica se tradujo en la gestión de obras de carácter social para la comunidad así como la promoción de la formación de cooperativas de consumo, el reparto agrario a través de la gestión de ejidos, la reforma educativa que contemplaba la enseñanza de trabajos manuales debido a que la educación normal comprendía el aprendizaje de carpintería, ebanistería, sastrería, panadería, primeros auxilios, conservación de alimentos, apicultura, porcicultura, horticultura, además, la soberanía sobre los recursos naturales y los derechos sindicales.

En ese contexto, la educación socialista también se entendió como la lucha en contra de los terratenientes, en otro aspecto, también contemplaba la integración de la mujer en la vida nacional para que gozara de derechos políticos y económicos, esto a la larga se traduciría en buscar la igualdad entre hombres y mujeres y el equilibrio entre las clases sociales aunque no todo mundo estuvo de acuerdo.

El presidente Cárdenas enfrentó el descontento ocasionado antes estas propuestas de transformación social, ejemplo de ello fue la iniciativa de introducir para ese tiempo innovaciones como la coeducación y la educación sexual que generaron como era de esperarse protestas en algunos círculos de cuño conservador en la ciudad de México y en el Bajío, principalmente en las zonas más afectadas por la cristiada que incluso le había costado el puesto de Secretario de Educación a Narciso Bassols, titular de la SEP en la administración gubernamental anterior.

La oposición presentada principalmente por los sectores vinculados con la iglesia y algunas asociaciones vinculadas a ella hizo que Cárdenas moderara el tono antirreligioso de la reforma educativa y buscara la reconciliación nacional debido a la religiosidad del pueblo, Fue así que el adoctrinamiento socialista a través de la SEP fue sustituido por la creación de un sistema educativo tendiente a lograr la hegemonía y la unidad nacional.

Los nuevos gobiernos no dejaron de prestar atención a las enfermedades que diezmaban a la población y en los vicios en los que caían sus habitantes. Para esto se hicieron repetidas campañas contra la tuberculosis, anti parasitidas, así como en contra del alcoholismo, de los juegos de azahar y de los fanatismos.

La atención se centró en un gran problema. Una buena parte de la población no sabía leer y escribir y conjuntando los esfuerzos en esa gran tarea de alfabetización, la lucha anticlerical pasó a segundo plano y la razón laica del Estado se impuso a través de las orientaciones sociales y los fundamentos de la ciencia.

Por eso se explica que el ideario dentro del aula fuera organizado alrededor a tres ejes: la naturaleza, el trabajo y la sociedad.

MANUEL AVILA CAMACHO. (1897-1955) Tomado de internet.

El siguiente gran acontecimiento durante la primera mitad del siglo XX fue la Segunda Guerra Mundial y sus efectos no pasaron desapercibidos para México. Fue así que la educación

23

que había tenido una inclinación hacia el modelo socialista fue sustituida por otro modelo que buscara la confraternidad internacional y la unidad nacional a través del gobierno de Ávila Camacho, situación que se explica porque los ideólogos de la época consideraron al igual que en el último tercio de la gestión de su antecesor el general Lázaro Cárdenas que lo que se buscaba era la unidad del pueblo mexicano y la orientación socialista era un factor de división, de tal suerte que en la siguiente gestión gubernamental y de manera gradual fue sufriendo reformas el artículo 3º.

EL NACIONALISMO.

Es de suponer que la Segunda Guerra Mundial y principalmente los efectos que ésta trajo, marcó de manera sustantiva al sexenio de Ávila Camacho (1940-1946) especialmente en lo referido al sector educativo que requería más que distinguirse por ser de cuño socialista, por tener una visión más internacional. Para lograrlo fue fundamental el carácter conciliador del presidente Ávila Camacho que instruyó para que la SEP tuviera otra inclinación ideológica y esto se vio reflejado en la reestructuración que se hizo al artículo 3º particularmente en el apartado en que señalaba el carácter socialista de la educación y la contribución de

24

ésta a formar en la conciencia "un concepto exacto y racional del universo y de la vida social", por eso se afirma que durante su gestión se canceló este tipo de educación. Aun con estos cambios el artículo 3º no se vio alterado en su espíritu de servicio a todo el pueblo y que a la fecha constituye su columna vertebral.

La agenda educativa no solo se circunscribió a los planes y programas de estudio, se ocupó también de la agrupación de los maestros, en principio la Central Nacional Campesina (CNC) tomó el control del magisterio rural, y el resto de los maestros que trabajaban dentro del sistema educativo nacional se agruparon en el recién creado Sindicato Nacional de Trabajadores de la Educación. Paralelo a ello se permitió que prevalecieran las instituciones educativas privadas y de corte religioso. Con esto se satisfizo la exigencia de los sectores más conservadores.

Por lo antes expuesto se puede afirmar que en el sexenio de Ávila Camacho se inició una política de conciliación nacional que se reflejó en el sistema educativo. En la década de los 40, se promulgó la Ley Orgánica de la Educación Pública y se unificaron los sindicatos magisteriales en uno solo que se llamó desde entonces Sindicato Nacional de Trabajadores de la Educación (SNTE).

Es en este sentido se explica que la Ley Orgánica de Educación Pública contempló en alguna de sus partes el fomento integro al desarrollo cultural de los escolares dentro de la convivencia social, sobre todo en los aspectos físico, moral, intelectual, estético, cívico, militar, económico, social y de capacitación para el trabajo útil en beneficio de la sociedad además de excluir toda enseñanza o propagación de cualquier credo o doctrina religiosa.

De acuerdo a estos lineamientos se podría desarrollar y consolidar la unidad nacional excluyendo toda influencia sectaria, política y social contraria o extraña al país formando en los escolares el amor a la patria y a las tradiciones nacionales en un contexto democrático y de convivencia. Se pretendía en su texto contribuir al mantenimiento de la paz, la solidaridad y la amistad con los países de América" y borrar las desigualdades para formar una nación fuerte.

Para dar continuidad al esquema básico de educación, se crearon instituciones claves en el desarrollo del país como: El Consejo Nacional Técnico de la Educación, La Escuela Normal Superior, las Escuelas Nacionales, de Bibliotecarios, de Especialistas, El Colegio Nacional, el Instituto Tecnológico de México, El Instituto Tecnológico de Estudios Superiores de Monterrey a la vez que se reestablecieron las Misiones Culturales y se reestructuró el Instituto Politécnico Nacional.

DEL CAMPO A LA CIUDAD. NUEVOS PLANES.

Desde mediados de los años 40,s nuestro país se fue desplazando del campo a la ciudad en virtud de grandes masas campesinas que se ocuparon en la naciente industria asentada en las grandes ciudades. Este hecho propició que la educación rural se abandonara en cierta medida por lo que la atención se enfocó en la educación urbana. Pero la industrialización se enfrentaba con el obstáculo de una clase obrera que en buena parte era analfabeta por lo que se reinició una gran campaña para subsanar este grave problema, entre ellos se retomó la campaña de alfabetización, se crearon comisiones de planes y programas de estudio, se publicaron libros de texto y se impulsó la construcción de escuelas. Además, se organizó el Instituto Federal de Capacitación para el Magisterio y se reeditaron los títulos que conformaban la Biblioteca Enciclopédica Popular que Vasconcelos en su tiempo al frente de la Secretaría de Educación había difundido para las clases populares.

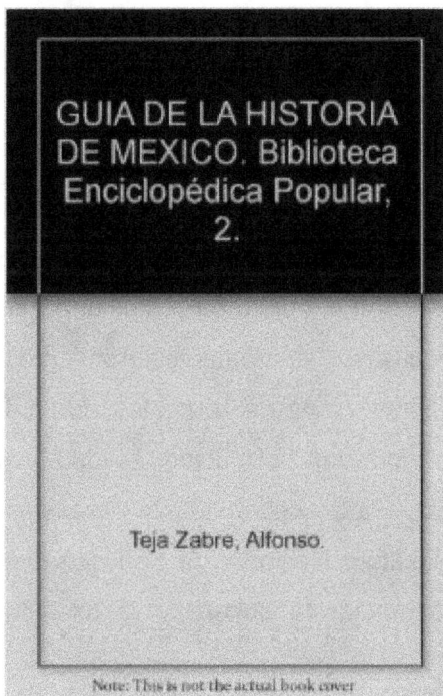

GUIA DE LA HISTORIA
DE MEXICO. Biblioteca
Enciclopédica Popular,
2.

Teja Zabre, Alfonso.

Note: This is not the actual book cover

Imagen tomada de internet

Durante el período comprendido entre 1946 y 1952, el sexenio que presidió Miguel Alemán Valdez, la obra de Manuel Gual Vidal al frente de la Secretaría de Educación Pública fue notoria por su trascendencia. El proyecto educativo que se puso en marcha durante su gestión entre 1946 y 1952 contrario al abandono anterior de la educación rural, se promovió la escuela rural con un espíritu cívico de amor a la patria para que cada campesino se sintiera parte integrante de la nación.

La campaña de alfabetización se intensificó al máximo y con ese fin se construyeron más escuelas; para esto se capacitó a más maestros, se editaron los libros que esta empresa requería. Con el objeto de profesionalizar la actividad agropecuaria se establecieron más escuelas de agricultura y para que los futuros agrónomos contaran con una formación sólida se contrataron expertos. Para estimular la creación artística se creó el Instituto Nacional de Bellas Artes, con ello se buscó estimular la cultura y la difusión misma de ésta.

Doctor Manuel Gual Vidal. Secretario de Educación Pública 1946-1952. Tomado de internet.

Surgieron nombres de pedagogos relacionados con la pedagogía y la educación que orientaron los criterios de la política educativa.

Paul Natorp (1854 1924)

Paul Natorp fue uno de ellos, nacido en Alemania a
mediados del siglo XIX y representante de la escuela
de Marburgo   se había destacado por entender la
pedagogía únicamente como social; sus trabajos dieron
origen a los tratados sistemáticos de pedagogía que
sirvió como base para el movimiento que se dio
posteriormente sobre pedagogía social.

Jorge Kerschensteiner(1854-1932) Imagen tomada de internet.

Otro contemporáneo de Nartop fue Jorge Kerschensteiner, se le conoce como fundador de la Escuela del Trabajo. Su propuesta pedagógica proponía el aprendizaje a partir de la práctica o experiencia que se adquiere en una actividad profesional determinada. Fue conocido también como organizador de la Escuela Activa.

Francisco Larroyo (1912-81) Imágen tomadas de internet.

En esta tarea educativa también participó el mexicano Francisco Larroyo. De origen zacatecano pero formado en Alemania realizó en ese país estudios sobre el neokantismo en la escuela de Marburgo al igual que su antecesor Natorp. La trascendencia de Larroyo se puede apreciar a través de sus obras que sirvieron en la formación de maestros y pedagogos. También destacó en 1948 por presidir la Comisión de Libros de Texto.

En los siguientes sexenios correspondientes a Miguel Alemán, Adolfo Ruiz Cortines y Adolfo López Mateos, el programa nacional educativo continuó dentro del período que se conoce como desarrollo estabilizador porque en ese lapso comprendido entre 1946 y 1964 hubo un fuerte impulso a la economía y la sociedad eminentemente rural dio un giro hacia sociedades más urbanas en virtud del crecimiento de las ciudades debido a la industrialización del país por la entrada de capitales extranjeros.

Sin embargo existen particularidades, en la gestión de Adolfo Ruiz Cortines, se equiparon las instalaciones de la Universidad Nacional Autónoma de México, no solo a esta institución puesto que se incrementaron de manera general los recursos económicos a instituciones de nivel superior y se creó el Consejo Técnico de la Educación para planificar la educación pública del país, paralelamente , también se desarrolló el Movimiento Revolucionario del Magisterio encabezado por el Profesor Othón Salazar.

Este episodio marcó en 1956 de manera significativa el sexenio del Lic. Ruiz Cortines y que tiene su origen en la negociación que los líderes oficiales del SNTE hicieron respecto a un incremento salarial inferior a la mitad de su demanda original. Inconformes con ese acuerdo, un grupo de maestros formados en el cardenismo que habían decidido declararse en huelga y contrarios al sindicato acudieron a un mitin de protesta convocado por el profesor Othón Salazar.

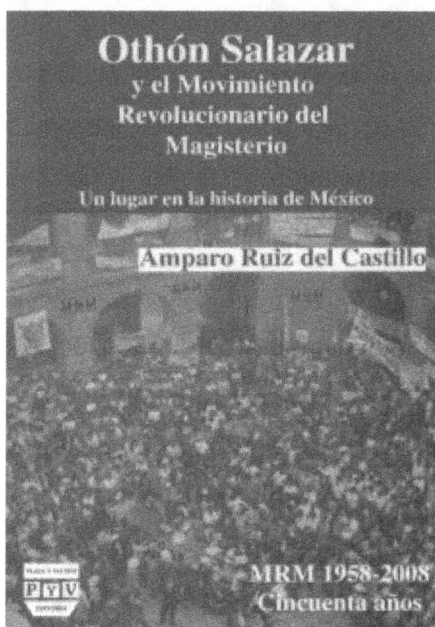

Othón Salazar
y el Movimiento
Revolucionario del
Magisterio

Un lugar en la historia de México

Amparo Ruiz del Castillo

MRM 1958-2008
Cincuenta años

Poco después y vista su capacidad de liderazgo, una asamblea independiente eligió a Othón Salazar como su representante, formando las bases para lo que sería el Movimiento Revolucionario del Magisterio (MRM).

Este movimiento quedó constituido formalmente hacia finales de 1957 y su presencia se dejó sentir sobre todo en las escuelas primarias del Distrito Federal.

El año de 1958 fue de gran efervescencia laboral y los maestros del MRM estuvieron entre sus principales protagonistas, las luchas sociales estarían marcadas por este movimiento que estuvo al frente de una de las luchas magisteriales más importantes del siglo XX. Las movilizaciones de los maestros fueron recibidas con simpatía, esto provocó un descontento social por la represión del 12 de abril de 1958 hecha desde el gobierno hasta que el día 30 de ese mes se tomaron las oficinas de la SEP y el gobierno se sentó a negociar con él.

Estos años de lucha provocaron que el Sindicato Nacional de Trabajadores del Magisterio (SNTE) se separara de la CTM y se creara el Movimiento Revolucionario.

Lic. Adolfo López Mateos. Tomada de internet.

Con la llegada del licenciado Adolfo López Mateos a la presidencia de la república (1958-1964) se buscó mejorar el funcionamiento del sistema educativo nacional. En esta tarea fue determinante la participación como Secretario de Educación Pública el Lic. Jaime Torres Bodet en su segunda gestión en ese encargo. [2]

En este período y atendiendo a las necesidades demandantes de una población en constante crecimiento se realizó la construcción de más aulas y

---

[2] Además de su carrera en la función pública fue diplomático, escritor, ensayista, poeta y director general de la UNESCO de 1948 a 1952

se puso atención en la preparación de maestros. Para lograrlo se construyeron a través del Comité Administrativo del Programa Federal de Construcción de Escuelas (CAPFCE) poco más de veinte mil nuevas aulas y se crearon alrededor de cincuenta mil plazas de profesor capacitados en buena parte a través del Plan de Once Años del Instituto Federal del Magisterio. Los centros regionales de enseñanza normal también jugaron su parte en la formación de maestros.

Los cambios no solamente fueron externo, la Secretaría de Educación también se reorganizó en su estructura por lo que fueron creadas tres subsecretarías: la Subsecretaría General y de Coordinación Administrativa, la de Enseñanza Técnica y la de Asuntos Culturales.

La delegación de funciones en las subsecretarías se vio reflejada en la efectividad de los planes educativos. El proyecto contemplaba que todos los niños mexicanos tuvieran acceso a los beneficios de la enseñanza.

1959 Libro de texto, portada.

Imagen tomada de internet.

Uno de los obstáculos que tuvieron los niños mexicanos de la primera mitad del siglo XX fue el acceso a los textos escolares, así que en la década de los sesenta por decreto presidencial se creó la Comisión Nacional de Libros de Texto Gratuito, obligatorios para que todos los niños mexicanos independientemente de su credo religioso y posición social y económica.

Aunque no fueron pocas las voces que se opusieron a este libro, detrás de estas críticas por lo general estuvieron inmiscuidos los intereses de las editoriales que se vieron afectados por perder la venta de los libros que ellos editaban. No solo las editoriales, la Unión Nacional de Padres de Familia de corte conservador tacharon a los libros de ideologizante, contrarios a la moral cristiana y hasta de comunistas.

Otra de las barreras en el aprendizaje de los niños fue la falta de alimentación o con bajos aportes nutritivos; como respuesta, se establecieron los desayunos escolares que aseguraban la dieta requerida para empezar un día de clases.

Los programas educativos también experimentaron cambios: los de educación preescolar atendían al desarrollo bio psíquico de los niños; se buscó que los niños de primaria relacionaran sus aprendizajes con las experiencias y con su vida cotidiana; se flexibilizó la educación secundaria para que se adaptaran a las necesidades de su entorno geográfico y social, tal fue el caso de las materias de educación física, cívica, artística y tecnológicas.

También hubo cambios en los planes de estudio dirigidos a la formación de maestros: En la Escuela normal Superior de Maestros se incrementaron las horas dedicadas a la formación didáctica y en la currícula de materias se implementó la de Política Educativa de México. Algunas especialidades se fusionaron como fue el caso de las historias Universal y de México y otras se crearon como la Educación Cívica. Para los alumnos que no habían tenido como antecedente profesional alguna práctica pedagógica se les exigía un año de nivelación con cursos de mejoramiento y capacitación.

En cuanto a la formación de maestros de enseñanza técnica media especializada se creó el Centro Nacional de Enseñanza Técnica Especializada. Con estos cuadros de profesores se cubría la demanda de capacitación de mano de obra y de formar instructores de talleres.

Algunas reflexiones.

Es innegable que la educación vino a ser una de los grandes problemas nacionales, debido que a la independencia de México dejó ver una triste realidad, una población de mexicanos que no sabían leer y escribir. De ahí que como una de las prioridades se buscó fomentar a través de la educación el amor a la patria y el sentimiento de la mexicanidad para estar listos a la defensa del territorio, no en balde se había sufrido la experiencia de la pérdida de los territorios de Texas y Nuevo México.

Acorde con los tiempos y el pensamiento que imperaba en los países más avanzados, el positivismo como una metodología científica y alejada de la charlatanería, fue aceptada como la filosofía para organizar la educación al frente de Gabino Barreda. Igualmente durante el Porfiriato, el positivismo fue la filosofía que se adoptó para formar a los profesionistas de la época.

El verdadero cambio sustancial se dejó sentir en los años posteriores a la Revolución Mexicana cuando un grupo de jóvenes amantes del conocimiento fundan el Ateneo y entre ellos José Vasconcelos quien en las décadas posteriores y a través de su gestión como servidor público imprimió un nuevo estilo educativo, nacionalista, panamericano, humanista, y en los que se sintetizan los valores grecolatinos, indigenista y cristiano que prevalecen en toda América latina.

Vasconcelos fue de la idea que de la fusión del español e indígena se formaría parte de la raza cósmica y ve en el mestizaje la síntesis de la realidad mexicana por lo que pensaba que habría que rescatarla de un pasado oprobioso y adecuarla a las nuevas circunstancias. Con ese ideario fue que escribió el lema para la Universidad Nacional *"por mi raza hablará el espíritu"* haciendo alusión al rescate de lo mejor del pasado. De esta manera, la Revolución Mexicana también estaba presente en el modelo educativo con un fuerte sentido nacionalista y de masas.Cárdenas por su parte dio continuidad a la política educativa y en

41

principio aceptó la versión socialista del artículo 3º y al imprimirle un estilo populista le utilizó como control político de las masas campesinas.

Llama la atención este llamado "experimento" contradictorio sobre todo en el campo del establecimiento de una escuela socialista dentro de una sociedad capitalista. Sin lugar a dudas la política educativa durante el período Cardenista estuvo permeada por su orientación hacia la ciencia y la investigación al inaugurar en 1938 institutos científicos como el de Física y Matemáticas así como la Facultad de Ciencias de la UNAM.

En el área de las humanidades se crearon el Instituto Nacional de Antropología e Historia, la Escuela Nacional de Antropología e Historia, el Archivo Histórico de Hacienda y el Consejo de Lenguas Indígenas y El Colegio de México, centro de enseñanza e investigación en el que jugaron un importante papel los refugiados españoles.

LA EDUCACION EN MEXICO DESDE LA REVOLUCION HASTA 1994

La descripción de los grandes proyectos educativos nacionales durante el periodo de 1921 al año 1994, constituye un marco de referencia para valorar las políticas que se han instrumentado para el desarrollo de la educación básica en el país, así como plantear nuevas estrategias adecuadas para superar el gran rezago de este nivel educativo y hacer efectiva su generalización a toda la demanda escolar.

En muchas ocasiones, los cambios o reformas que han permeado la educación básica no siempre han sido congruentes con los proyectos de desarrollo nacional debido, entre otras causas, a los márgenes de autonomía relativa del sistema educativo en relación con los macro sistemas sociales.

Generalmente al describir la evolución histórica de estos proyectos saltan a la vista las discontinuidades y rupturas entre una administración y otra y a veces dentro de una misma, respondiendo en muchos casos al cambio del titular de la Secretaría de Educación Pública.

Los proyectos que se describirán para analizar la evolución de la educación básica, en cada uno de ellos, son los siguientes:

Proyecto de Educación Nacionalista (1921-1924)

A partir de este proyecto se estructuró el actual Sistema Educativo Nacional bajo sus principios y orientaciones se desarrolló la educación básica. Fue JOSÉ VASCONCELOS primer Secretario de Educación Pública, quien impulsó y promovió el Proyecto de Educación Nacionalista. Concibió la construcción del nacionalismo mexicano como una mezcla de las herencias culturales indígena e hispana, que hermanaba a México con los países latinoamericanos.

Vasconcelos inició su idea educativa durante el gobierno interino de **ADOLFO DE LA HUERTA**, y lo operó formalmente con la creación de una superestructura: la Secretaría de Educación Pública (SEP), como organismo federal responsable de la política educativa nacional, sin perjuicio de la jurisdicción que los estados y municipios tenían en sus propios sistemas escolares. Esto se consiguió a través de campañas con los gobiernos estatales y legislaturas locales, para que los representantes ante el Congreso de la Unión apoyaran la necesaria reforma de la Constitución Política de los Estados Unidos Mexicanos.

El modelo educativo nacionalista partía de un concepto de educación humanista integral, que tendía a promover el desarrollo de las diferentes facultades del individuo, integrando la educación con la cultura, con el trabajo práctico y productivo, con la filosofía y estética, con la organización social y la política, con las creencias, tradiciones y costumbres del pueblo; todo sobre la base de una amplia participación social, que se consolidaría cuando los estados y municipios contaran con suficientes recursos financieros propios y las asociaciones civiles de ciudadanos se fortalecieran a partir de cada municipio.

Pero para operarlo era necesario contar con una adecuada estructura orgánica. De ahí que la estructura del organismo que se encargaría de poner en práctica el proyecto, es decir, la recién creada Secretaría de Educación Pública (SEP), se integraría con las siguientes áreas:

Departamento Escolar

Este sería el responsable de que las prioridades de la política educativa tuvieran como propósitos fundamentales: orientar la formación de la conciencia de la nación, consolidar la unidad y el sentido nacionalista de los mexicanos.

Departamentos de Bibliotecas y Bellas Artes

Estas instancias representaban instrumentos estratégicos para fomentar el desarrollo de la creación artística y de la cultura. Para ello se invitó a intelectuales como **RAMÓN DEL VALLE INCLÁN Y GABRIELA MISTRAL** quienes apoyaron con sus ideas y trabajos las labores de difusión y elaboración de textos para la SEP.

El presidente **ALVARO OBREGÓN** dispuso que los Talleres Gráficos de la Nación dependieran de la SEP. Durante el periodo de gestión de Vasconcelos se crearon 671 bibliotecas y se repartieron 200,000 volúmenes. A través del Departamento Editorial se publicaron ediciones baratas de autores clásicos de literatura universal, de los evangelios, de la historia, lecturas para mujeres, lecturas clásicas infantiles y la revista El Maestro.

Departamento de Educación Indígena

La educación indígena fue de gran interés para Vasconcelos ya que consideraba a los indígenas como la fuente de riqueza histórica nacional y por ello habría que darles los elementos necesarios para su integración a la vida nacional. Este Departamento sería el encargado de atender las necesidades de cobertura y de materiales didácticos, así como del personal capacitado para atenderlos.

Departamento de Alfabetización

La actividad principal de esta instancia se resume en la organización y desarrollo de la primera campaña contra el analfabetismo, que entonces afectaba a un 80 % de la población adulta. La orientación dada a la alfabetización por Vasconcelos se caracterizó por propiciar la democratización, la superación de prejuicios raciales y de clase social, la comunicación y la colaboración entre los distintos estratos socioeconómicos y culturales para aprender unos de otros.

Proyectos de Educación Rural e Indígena (1924-1942)

Como parte del proceso mismo de la Revolución Mexicana surge el proyecto de educación rural como una de las mejores y más amplia alternativa de solución adecuada al contexto económico, sociopolítico y cultural de México, para enfrentar y resolver los problemas de la educación del campesinado.

La primera generación de maestros rurales de la Revolución Mexicana, estuvo integrada por el propio José Vasconcelos y por un amplio grupo de distinguidos profesores itinerantes que como **GREGORIO TORRES QUINTERO, RAFAEL**

RAMÍREZ, ENRIQUE CORONA, IGNACIO RAMÍREZ LÓPEZ, JOSÉ MARÍA BONILLA Y JOSÉ GUADALUPE NÁJERA, sentaron las bases de lo que fue la primera generación de profesores rurales.

La labor de Vasconcelos para llevar educación a las poblaciones indígenas y rurales más apartadas del país, fue valorada posteriormente por el Secretario de Educación Pública JOSÉ MANUEL PUIG CASAURANC y del Subsecretario MOISÉS SÁENZ. Al respecto, Gregorio Torres Quintero expresaba de estas escuelas lo siguiente: "las escuelas rudimentarias nada tienen de raro ni de nuevo. Son algo más que las escuelas de leer, escribir y contar que tanto se ha hablado... No son un anacronismo pedagógico, son una extensión del sistema escolar que ya existe en los campos y que va a satisfacer una necesidad. Tienen todavía, en nuestro país de 78 % de analfabetos, un gran papel que desempeñar.". Con relación a la heterogeneidad étnico-lingüística, de razas y costumbres, no las veía como una dificultad para enseñar a leer y escribir.

Entre las principales líneas de acción estratégica que se desprenden de este proyecto se enlistan las siguientes:

- Las escuelas primarias rurales, elementales y superiores; las escuelas agropecuarias e industriales y las Misiones Culturales, entre otras.

- Las Escuelas Rurales Campesinas se organizaron como internados mixtos y alcanzaron su máximo desarrollo con el presidente **LAZARO CARDENAS**.

- La reflexión que se hace de la escuela rural como concepto que da vida a este proyecto, se orientaba a concebirla como un conjunto único, una organización integral que respondiera a las características y necesidades propias de cada grupo social.

- La escuela rural sustentaba sus fines teórico-metodológicos en los siguientes principios :

✓ Organizar la enseñanza y el aprendizaje de acuerdo al nivel intelectual o de madurez de los alumnos

✓ Organizar el periodo escolar no por años o grados, sino por la cantidad y calidad de conocimientos adquiridos de preparación integral.

✓ Convertir a la escuela rural en centro de actividades múltiples.

✓ Organizar a los profesores de la escuela rural por actividades y no por grados escolares.

✓ Evaluar y dar seguimiento permanente a la labor docente.

✓ Las asignaturas que se impartan a los niños deberían centrarse en la acción de la agricultura y las industrias regionales.

El avance que tuvo la aplicación del proyecto de educación rural, se manifiesta entre otros comentarios, críticas y resultados, en lo expresado por algunos participantes del Congressional Record de los estados Unidos, acerca de los logros educativos de la Revolución Mexicana, señalando que:"ninguno de los resultados de la Revolución Mexicana es tan trascendente como su movimiento de educación rural...es el más moderno, sin embargo el más delicado de los movimientos a gran escala de estímulo cultural y de despertar social que se haya registrado en América y quizás en el mundo".

En el inicio de la década de los 30's surge la idea de integrar y estructurar un sistema de enseñanza técnica en sus distintos niveles. Como consecuencia de ello, se definió un marco de organización que contenía todos los niveles y modalidades. Este marco derivó en dos acepciones de Institución Técnica, a saber, la Institución Politécnica y la Escuela Politécnica.

La columna vertebral de la Escuela Politécnica fue la Preparatoria Técnica que se crea en el año de 1931, se cursaba en cuatro años y para su acceso solo se requería la primaria, éste constituyó el antecedente de las diversas escuelas especialistas de altos estudios técnicos que se cursaban en tres años y formaban ingenieros directores de obras técnicas.

Dentro de la Escuela Politécnica y bajo su acción ordenadora y orientadora, se ubican las escuelas de maestros técnicos, las escuelas de artes y oficios para varones y las escuelas nocturnas de adiestramiento para trabajadores.

La "Escuela Politécnica" establece las bases para que en 1936 se integre el Instituto Politécnico Nacional, absorbiendo en su estructura funcional a la mayoría de las escuelas que constituían el Departamento de Enseñanza Técnica Industrial y Comercial, situación que aunada a la rápida expansión de las instituciones educativas motivan en 1941 la división del sistema de enseñanza Técnica Industrial, estableciendo por una parte el IPN y por otra el Departamento de Enseñanzas Especiales como encargado de las escuelas de artes y oficios, las comerciales y las escuelas técnicas elementales.

A partir de la segunda guerra mundial, se adoptó en México la política de "Industrialización para la Sustitución de Importaciones" (ISI) como una estrategia prevaleciente en toda la economía para lograr la auto suficiencia industrial, lo que produjo una mayor oferta para la mano de obra calificada, destinándose un mayor presupuesto en el sector educativo. La demanda de técnicos de diferentes niveles originada por la política de ISI, dio origen a la difusión y expansión de la enseñanza técnica en todo el país.

Proyecto de Educación Socialista 1934-1942.
Este proyecto tuvo sus antecedentes más remotos en la educación positivista y la difusión de las ideas del marxismo-leninismo en el mundo, a partir del triunfo de la Revolución de Octubre en la Unión Soviética, así como en la necesidad de llevar la reforma agraria y el establecimiento de los derechos laborales y de otras reformas sociales al gran sector de la población marginada de estos beneficios.

En 1932 como resultado de los trabajos realizados en el Congreso Pedagógico, celebrado en Jalapa, Veracruz, se proponía entre otras cosas, fortalecer en la escuela secundaria la cultura básica adquirida en la primaria, integrándola en un ciclo básico, con el fin de formar los cuadros técnicos y profesionales necesarios para el desarrollo nacional, así como establecer las bases científicas para la creación de un estado socialista. Producto de ello, también se presentó el proyecto de reforma al Artículo 3° Constitucional, que proponía que toda enseñanza fuera antirreligiosa y gratuita.

En este mismo año, el **PRESIDENTE ABELARDO RODRÍGUEZ** en la segunda convención del Partido Nacional Revolucionario (P.N.R) se sentaron las bases para la operación del plan sexenal. La comisión de educación propuso la reforma al Artículo 3° Constitucional para que se incluyera el principio de que la educación primaria y secundaria sería impartida bajo el control directo del Estado y basar sus contenidos programáticos en la doctrina socialista que sustentaba los principios filosóficos de la Revolución Mexicana.

A fines de 1933 se tenía ya preparado el proyecto de reforma al Artículo 3°, que decía: "Corresponde al estado (Federación, Estados y Municipios) el deber de impartir con el carácter de servicio público la educación primaria, secundaria y normal debiendo ser gratuita y obligatoria la primaria. La educación que se imparta será socialista en sus orientaciones y tendencias, pugnando porque desaparezcan los prejuicios y dogmas religiosos y se cree la verdadera solidaridad humana sobre las bases de una socialización progresiva de los medios de producción económica."

Correspondió, al Secretario de Educación **IGNACIO GARCIA TÉLLEZ** proponer las especificaciones pedagógicas en el plan de acción de la escuela Primaria y Secundaria Socialista dentro del Programa de Educación Pública.

No obstante ello, el término socialista, derivó en una gran polémica, hasta que **NARCISO BASSOLS** entonces Secretario de Educación Pública, eliminó ese concepto en la redacción final del texto del Artículo 3°. A esto se agregó el hecho de que el Presidente Rodríguez consideraba poco irrealizable el proyecto, ya que en la práctica el estado mexicano poseía otras características estructurales e históricas que no se podían romper radicalmente. Esta posición del Presidente derivó en la suspensión del proyecto de educación socialista.

Proyecto de Educación Técnica

La educación técnica tiene sus inicios en la época prehispánica, adquiriendo una importancia particular a partir de las escuelas de artes y oficios y de la enseñanza de las artesanías, promovidas por los misioneros del siglo XVI dentro de la organización social y económica de los centros denominados "hospitales", creados por Vasco de Quiroga en Michoacán y en el Estado de México. En el siglo XVIII el Real Seminario de Minería representó la educación técnica de la época colonial, donde se asimilaron experiencias científicas y tecnológicas de la industria minera y se promovió su desarrollo.

Con la administración del **PRESIDENTE VENUSTIANO CARRANZA** se impulsó la expansión de la educación técnica y con la gestión de Vasconcelos se consolidan los primeros avances sustantivos que se esperaban culminar con el proyecto del Instituto Tecnológico de México, de no haber sido por el recorte presupuestario en el último años del Presidente Álvaro Obregón. No obstante, para 1924 había en el país 68 escuelas técnicas que contaban con 1,444 profesores y 37,084 alumnos.

En momentos en que las relaciones entre el gobierno mexicano y la Universidad Nacional de México, llegaron a su grado más alto de ruptura, el presidente Cárdenas apoyó el desarrollo del Instituto Politécnico Nacional (IPN), que representaba una alternativa de educación superior para la clase trabajadora y una alternativa de educación general, dado que ofrecía servicios en los niveles de pre vocacional (primaria y secundaria) y vocacional (preparatoria o bachillerato técnico). Años después, un fenómeno sociopolítico, representado por el apoyo solidario que muchos estudiantes politécnicos brindaron al movimiento ferrocarrilero de 1958, empezó a crear un distanciamiento creciente entre el IPN y el gobierno federal, agravándose la situación una década después con el apoyo al comité de huelga del Movimiento Estudiantil de 1968, en el que se pronunció una franca confrontación con el gobierno federal.

El gobierno federal adoptó dos medidas políticas de emergencia:

1. Desde los inicios de la década de los años sesenta, la SEP impulsó el desarrollo de todo un parasistema de educación técnica, integrado por escuelas secundarias técnicas, centros de estudios de bachillerato tecnológico, institutos tecnológicos, programas de posgrado y centros de investigación y desarrollo tecnológico.

2. A petición de distinguidos profesionales, el presidente autorizó el establecimiento, con características de

escuelas libres universitarias de sostenimiento privado, algunas escuelas técnicas como el Instituto Tecnológico y de Estudios Superiores de Monterrey (ITESM) y el Instituto Tecnológico Autónomo de México (ITAM), entre otros. El primero logró establecer una poderosa red de centros de educación superior tecnológica en las principales ciudades del país, contando desde el principio con un sólido apoyo del sector empresarial.

Posteriormente, el gobierno mexicano, con el apoyo de la UNESCO, fundó el Centro Nacional de Enseñanza Técnica Industrial (CENETI), con el propósito de formar profesores idóneos para la educación técnica, sin embargo, este último proyecto nunca se instrumentó por haber sido objeto de manipulaciones políticas externas.

En esta misma década, la influencia de la educación técnica permeó la educación primaria y secundaria, con el establecimiento de talleres y el impulso a la aplicación del método de "aprender haciendo" y "enseñar produciendo" en las escuelas.

Los principios en que se sustentó el programa de aprender haciendo fueron:

a) Ninguna habilidad se forma, si no es por el ejercicio.

b) Ningún conocimiento se consolida sin el uso que de él se hace.

c) Ninguna norma de conducta se adquiere de otro modo.

Este programa fue antecedente de otro denominado" Enseñar produciendo" el cual debía aplicarse en la escuela secundaria, uno era complemento del otro, en la primaria se promovían las habilidades fundamentales del niño y en la secundaria la aplicación o utilidad de esas habilidades.

A fines de los años setenta se creó el Colegio Nacional de Educación Profesional Técnica (CONALEP), como organismo descentralizado del gobierno federal, con personalidad jurídica y patrimonios propios, con el propósito de retener el flujo de estudiantes hacia la educación superior, pero sin un programa curricular apropiado a las exigencias de este tipo y nivel de educación.

Proyecto de Unidad Nacional 1940-1958

La política de unidad nacional, en realidad se inició desde la administración del presidente Cárdenas, y se consolidó durante los gobiernos de los presidentes

MANUEL AVILA CAMACHO, MIGUEL ALEMAN y ADOLFO RUIZ CORTINES, ya bajo la dinámica de la industrialización del país y del incremento progresivo de la población urbana. Este fenómeno, propició que se abandonara gradualmente la educación rural, concentrándose los esfuerzos en la educación urbana. Los principales antecedentes de este proyecto educativo están relacionados con tres grandes estrategias que adoptó el presidente Cárdenas:

- La eliminación del influjo del ex presidente Calles (1935), combinada con la reorientación y reestructuración del partido de gobierno, bajo la denominación de Partido de la Revolución Mexicana (PRM,1938

- La promoción de la federación de la educación, en el aspecto laboral, mediante la unificación de gremios magisteriales, en el Sindicato de Trabajadores de la Enseñanza de la República Mexicana (STERM), y la homologación de sueldos entre los profesores rurales y urbanos, ya que los del medio rural se encontraban en notable desventaja.

- El establecimiento de las bases de infraestructura para la industrialización del país, de acuerdo con un modelo peculiar de economía mixta integrado por los sectores público, social y privado.

Durante la gestión del Presidente Manuel Ávila Camacho se sucedieron como secretarios de educación pública: **LUIS SÁNCHEZ PONTÓN, OCTAVIO VÉJAR VÁZQUEZ Y JAIME TORRES BODET.**

La gestión de Sánchez Pontón (1940-1941), estuvo impregnada de conflictos por su posición ante la educación socialista motivo por el que se tuvo que enfrentar a los líderes más conservadores. Octavio Véjar Vázquez (1941-1943) propuso los siguientes objetivos: Atemperar ideológicamente los planes de estudio; combatir a los elementos radicales y comunistas en las burocracias administrativas y sindicales; buscar la unificación del magisterio incorporar y activar la acción de la iniciativa privada en la enseñanza.

Jaime Torres Bodet (1946-1952), retomó la campaña de alfabetización, creó comisiones de planes y programas de estudio, libros de texto y construcción de escuelas, organizó el Instituto Federal de Capacitación del Magisterio, retomó la obra de difusión editorial de Vasconcelos, con las publicaciones de la Biblioteca Enciclopédica Popular, promovió la reforma de la segunda enseñanza, impulsó la educación técnica y el mejoramiento de la educación normal.

Además, reformó el Artículo 3º Constitucional en 1946, eliminando el principio de educación socialista y lo sustituyó por los principios de educación humanista integral, laica, nacionalista y democrática, orientada hacia el respeto a la dignidad de la persona humana, la supresión de las distinciones y privilegios, la integración familiar, la independencia política y la solidaridad internacional. Su proyecto fue, gradualmente, inclinándose hacia nuevas prioridades de la educación urbana, para apoyar la educación del país, relegando gradualmente a segundo término la educación rural.

MANUEL GUAL VIDAL (1946-1952) fue secretario de educación durante la administración del presidente Miguel Alemán, y continuó la política educativa de unidad nacional. Los objetivos para el proyecto educativo propuesto fueron los siguientes:

- Promover la escuela rural por antonomasia, con los objetivos de instruir eficazmente al campesino, mejorar sus condiciones económicas e higiénicas y crear un espíritu cívico para que cada persona del campo se sintiera parte integrante de la nación.
- Continuar la campaña de alfabetización hasta que todos los mexicanos supieran leer y escribir.
- Construir más escuelas con el fin de lograr la alfabetización.

- Aumentar el número de profesores capacitados y fortalecer su derecho a disponer de los medios idóneos para llevar una vida digna.

- Editar libros, complemento integral de la escuela y ponerlos al alcance de todos.

- Promover la enseñanza técnica, para la industrialización del país, con auxilio de la cooperación privada.

- Establecer más escuelas de agricultura con el apoyo de expertos agrícolas y técnicos.

- Estimular la alta cultura técnica o superior.

- Crear el Instituto Nacional de Bellas Artes, para estimular la creación artística y ayudar a la difusión de la misma.

El proyecto de unidad nacional impulsó la educación urbana, pero fue poco efectivo para resolver los problemas de la educación rural e indígena y de sectores marginados urbanos. Aunque Torres Bodet logró ampliar el presupuesto educativo federal del 10.8% al 17 %.

Plan de Once Años para la Expansión y Mejoramiento de la Educación Primaria. (1959-1970)

A pesar de los avances que había alcanzado la educación pública durante las primeras cuatro décadas posteriores a la Revolución Mexicana, para fines de los años 50 el rezago educativo aún era impresionante. El número de los analfabetas era cercano a los 10 millones. Más de tres millones de niños en edad escolar no asistían a la escuela, la eficiencia terminal era muy baja, ya que sólo era del 16 % a nivel nacional y en el medio rural era del 2 %.

La escolaridad promedio de la educación adulta era de 2 años, millares de niños estaban desnutridos y más de 27 mil maestros ejercían sin título.

Torres Bodet, durante la administración del **PRESIDENTE ADOLFO LÓPEZ MATEOS**, formuló un plan nacional para mejorar la educación primaria, y sus principales metas fueron:

✓ Incorporar al sistema de enseñanza primaria a los niños en edad escolar de 6 a 14 años que no la recibían.

✓ Establecer plazas suficientes de profesores de primaria para inscribir anualmente a todos los niños de 6 años.

✓ Lograr que en 1970 terminara su educación primaria, el 38 % de los que la iniciaron en 1965.

El presidente López Mateos autorizó un incremento del presupuesto educativo que pasó de un 15.8 % del presupuesto federal en 1958 a un 23 % en 1964, a la vez que se promovió la participación de los estados y los particulares. Al ver su efectividad, el secretario **AGUSTIN YAÑEZ** también logró incrementar el presupuesto de 23.4 % en 1965 a 28.2 % en 1970.

En 1958 el Lic. Adolfo López Mateos crea la Subsecretaría de Enseñanza Técnica y Superior, haciendo evidente la importancia que ya había alcanzado la educación técnica en el país. Un año más tarde la Dirección General de Enseñanzas Especiales y los Institutos Tecnológicos Regionales que se separaron del IPN, conforman la Dirección General de Enseñanzas Tecnológicas Industriales y Comerciales (DGETIC).

Planes y Programas de Reforma, Descentralización y Modernización de la Educación (1970-1993).

Tres grandes líneas de acción caracterizaron el desarrollo de la política educativa mexicana en este periodo, además de una cuarta que integra a las tres. Estas líneas fueron las siguientes:

➤ Proceso de reforma de la educación (1970-1976)

➢ Procesos de desconcentración y descentralización de la SEP y los Programas de Educación para Todos y de Primaria para Todos los Niños (1978-1982).

➢ La revolución educativa (1982-1985) y la descentralización frustrada (1985-1988).

➢ La cuarta, está relacionada con las anteriores y es el proceso de modernización educativa, que comprende los aspectos relacionados con la eficiencia y calidad de la educación con la cobertura de la oferta educativa la búsqueda de nuevos modelos y nuevas formas de participación social en la educación, todo esto incluido en el Acuerdo Nacional para la Modernización de la Educación Básica (mayo 18, de 1992).

De manera general estas líneas se resumen en lo siguiente:

Proceso de reforma de la educación (1970-1976)

La crisis mundial de la educación repercutió en México con el movimiento estudiantil de 1968, en el que se demandaban reformas educativas, sociales y políticas que fueron llevadas a cabo en la administración del **PRESIDENTE LUIS ECHEVERRIA.**

Con la participación de especialistas y científicos del CINESTAV del IPN se revisaron y reformularon los libros de texto gratuito para primaria, así como los programas de estudio, basándose fundamentalmente en el método científico y en centrar la atención en la formación integral del educando.

Desconcentración de la SEP y Programa "Primaria para Todos los Niños (1978-1982)"

A partir de 1976, se hizo obligatoria la programación en todas las dependencias del sector público federal. Durante 1977, cuando el **LICENCIADO PORFIRIO MUÑOZ LEDO**, fue secretario de educación, se formuló el Plan Nacional de Educación (1976-1982), que comprendió estudios de diagnóstico y propuestas programáticas, pero no alcanzó a definir prioridades y metas por falta de apoyo del Presidente de la República al Secretario de Educación.

A fines de 1977 fue designado como Secretario de Educación el **LICENCIADO FERNANDO SOLANA**, quien retomó los estudios del diagnóstico del Plan Nacional y propuso dentro de un documento denominado: Programas y metas del sector educativo 1978-1982, 52 programas educativos, de entre los cuales 12 fueron prioritarios, que constituyeron la primera prioridad de la política educativa el Programa "Primaria para Todos los Niños".

Con el diagnóstico realizado se encontró que, entre los principales problemas que enfrentaba el desarrollo educativo nacional, existían 6 millones de adultos analfabetas, 13 millones de adultos que no concluyeron la primaria, 1.2 millones de indígenas que no hablaban español y cada año 200 mil jóvenes cumplían 15 años siendo analfabetas. Esta situación se calificó como el enorme rezago que padeció la nación en materia educativa, se hacía énfasis en que éramos una población de tercer grado de primaria. El plan del sector educativo orientó sus programas y acciones hacia el logro de cinco grandes objetivos:

✓ Asegurar la educación básica para toda la población.
✓ Vincular la educación terminal con el sistema productivo.
✓ Elevar la calidad de la educación.
✓ Mejorar la atmósfera cultural del país.
✓ Aumentar la eficiencia del sistema educativo.

La estrategia fundamental a nivel de la educación básica, fue orientada hacia dos programas prioritarios: Programa de Primaria para Todos los Niños y el Programa de Desconcentración de los Servicios Educativos de la SEP, que fue operado mediante el establecimiento de las delegaciones generales de la SEP en los estados.

En 1966, se creó la Escuela Nacional de Maestros de Capacitación para el Trabajo Industrial (ENAMACTI), orientada a formar personal docente para actividades tecnológicas. Ese mismo año, se modificaron los planes de estudio de la preparatoria técnica y de las carreras profesionales de nivel medio. Se unificaron las escuelas de segunda enseñanza general, prevocacionales y técnicas.

En 1968 se crearon los Centros de Estudios Tecnológicos, con el propósito de ofrecer formación profesional del nivel medio superior en el área industrial.

En 1969, las escuelas tecnológicas (prevocacionales) que ofrecían la enseñanza secundaria dejaron de pertenecer al IPN, para integrarse a la DGETIC, como secundarias técnicas con la mira de dar unidad a este nivel educativo, ya que se incorporaron también las

Escuelas Secundarias Técnicas Agropecuarias.

Al efectuarse la reorganización de la Secretaría de Educación Pública en 1971, se determinó que la Subsecretaría de Enseñanza Técnica y Superior se transformara en la Subsecretaría de Educación Media, Técnica y Superior y que la DGETIC, tomara su actual denominación como Dirección General de Educación Tecnológica Industrial (DGETI), dependiente de esta nueva Subsecretaría.

En 1975, se dió origen al Consejo del Sistema Nacional de Educación Técnica, como un órgano de consulta de la Secretaría de Educación Pública, antecedente inmediato del actual Consejo del Sistema Nacional de Educación Tecnológica (COSNET) instaurado en diciembre de 1978.

En 1976, la Subsecretaría de Educación Media, Técnica y Superior se transforma en Subsecretaría de Educación e Investigación Tecnológicas. En ese mismo año se crea la Dirección General de Institutos Tecnológicos.

En septiembre de 1978, los planteles que ofrecían el modelo de Educación Secundaria Técnica pasaron a integrar la Dirección General de Educación Secundaria Técnica. Con esto, la Dirección General de Educación Tecnológica Industrial se dedica a atender exclusivamente el nivel medio superior.

El Bachillerato Tecnológico se ofrecía en 106 Centros de Estudios Científicos y Tecnológicos.

El Sistema de Educación Tecnológica es coordinado por la Subsecretaría de Educación e Investigación Tecnológicas, de la cual dependen directamente las Direcciones Generales de: Institutos Tecnológicos, Educación Tecnológica Industrial, Educación Tecnológica y Agropecuaria, Ciencia y Tecnología del Mar y la Dirección General de Centros de Capacitación.

Revolución educativa y descentralización frustrada (1982-1988)

Durante la administración del **PRESIDENTE MIGUEL DE LA MADRID HURTADO**, la descentralización de la educación básica y normal constituía un objetivo estratégico y transformador, sin embargo, los problemas que enfrentó el **SECRETARIO JESÚS REYES HEROLES**, se complicaron aún más cuando la SEP delegó casi toda su responsabilidad ejecutiva al Comité Ejecutivo Nacional (CEN) del S.N.T.E, quien realizó el proceso de descentralización, induciendo una mayor y más complicada centralización. El S.N.T E disponía de las plazas que distribuía estratégicamente entre líderes del propio sindicato, para poder así bloquear con mayor eficacia el proceso de descentralización de la educación básica.

En 1982, la sustitución de un maestro impuesto por el S.N.T.E. y proveniente de otro estado de la República, tomaba un máximo de dos semanas en operarse. Para 1988 este proceso se complicó tanto que tomaba tres meses su realización. Ante esto, algunos Directores Generales de Servicios Coordinados de Educación Federal en las entidades, señalaban que se encontraban maniatados para el cumplimiento de su función ejecutiva, dado que el personal subalterno al ser impuesto por el S:N:T:E, no reconocían, ni respetaban su autoridad educativa. En 1986, por ejemplo, se le otorgaron al SNTE un poco más de mil plazas de libre disposición para que se distribuyeran estratégicamente entre líderes de su propio gremio, para bloquear, como ya se mencionó, el proceso de descentralización de la educación básica.

Programa para la Modernización Educativa (1989-1994)

El PRESIDENTE CARLOS SALINAS DE GORTARI instruyó al Secretario de Educación MANUEL BARTLETT DÍAZ para que integrara con la participación de maestros, padres de familia y organizaciones responsables, un programa que permitiera realizar la gran transformación del sistema educativo. El Plan Nacional de Desarrollo (1989-1994), planteó tres objetivos generales para la modernización de la educación:

✓ Mejorar la calidad de la educación en congruencia con los propósitos del desarrollo profesional.

✓ Descentralizar la educación y adecuar la distribución de la función educativa a los requerimientos de su

73

modernización y de las características de los diversos sectores integrantes de la sociedad.

✓ Fortalecer la participación de la sociedad en el quehacer educativo.

El Programa para la Modernización Educativa 1989-1994 (PME), presentado por el Presidente de la República planteó los siguientes grandes retos:

a) El reto de la descentralización; b) del rezago; c) demográfico; d) del cambio estructural; e) de vincular los ámbitos escolar, f) productivo y g) el de la inversión educativa.;

Con respecto a la descentralización, se concebía como reconocer que la comunidad local permite articular, potenciar y dar vida propia y original a los valores del consenso nacional: el amor a la patria, fundado en el conocimiento de su geografía y de su historia y el aprendizaje de nuestro civismo.

El reto del rezago era de primordial importancia ya que se necesitaba concentrar esfuerzos en las zonas urbano marginadas, en la población rural y en la indígena, con el fin de asegurar la cobertura universal de la primaria y la permanencia de los niños hasta su conclusión.

El reto demográfico y el de cambio estructural requería de la participación de otras instancias gubernamentales para elaborar un propuesta integral.

Otros de los grandes retos se orientaban a vincular los ámbitos escolar y productivo, para lo cual se requería establecer nuevos modelos de comportamiento en la relación entre trabajo, producción y distribución de bienes con procesos educativos flexibles y específicos.

El reto del avance científico y tecnológico exigía la formación de mexicanos que aprovecharan los avances científicos y tecnológicos e integrarlos en su cultura, se requería que la formación especializada generara una actitud crítica, innovadora y adaptable, capaz de traducirse en una adecuada aplicación de los avances de la ciencia y la tecnología.

Con respecto a la inversión educativa, la modernización implicó revisar y racionalizar sistemáticamente los costos, ordenar y simplificar los mecanismos para su manejo y administración, innovar los procedimientos, imaginar nuevas alternativas, actuar con decisión política, solidaridad y consenso para servir al interés general.

Búsqueda de modelos y estrategias para la modernización de la educación básica (1989-1992)

El Lic. Manuel Bartlett Díaz desarrolló su gestión durante la primera mitad del sexenio en condiciones difíciles: por una parte los maestros exigían aumento de salario y por otra, había poca coordinación entre las diferentes instancias internas de la propia Secretaría.

A ello se agregaba el hecho de que aún de manera confusa en el Programa de Modernización Educativa, se incluía un modelo de modernización referido a todos los niveles del sistema educativo. Para la concreción de este modelo se mencionaban tres grandes elementos que lo integraban: un componente básico referido al nivel de educación básica; un componente innovador, referido a la educación superior y, un componente complementario, referido a la educación de adultos, a la educación extraescolar y a la capacitación para el trabajo. Para operar estos componentes, las diferentes instancias propusieron diversos modelos, entre los que se destacan los siguientes:

A) Primera propuesta: el modelo pedagógico

Se partió de una interpretación demasiado general de la educación básica y se definieron, separadamente, los niveles de educación preescolar, primaria y secundaria. Se caracterizaba por ser un modelo integral, flexible, nacional y regional, con una amplia participación y plural.

El modelo comprendía las líneas de formación de Identidad nacional y democrática; de solidaridad internacional; de formación científica, tecnológica, estética, en comunicación, ecológica y para la salud.

B) Segunda propuesta: el modelo educativo del CONALTE

El organismo consultivo de máxima jerarquía en el sector educativo, CONALTE, consideró que el modelo pedagógico propuesto por las comisiones del secretariado técnico no era suficientemente claro, ni adecuado para las estrategias adoptadas para la modernización educativa.

Su modelo se integraba de cuatro componentes: la filosofía educativa, la teoría pedagógica, la política para la modernización educativa y el proceso educativo. El componente teórico del modelo concibe al aprendizaje como un esquema de relaciones consigo mismo, con los demás y con el entorno.

77

El componente político de este modelo educativo comprendió tres grandes elementos que interactúan con otros tres campos de acción educativa: a) naturaleza y contenido de la educación, b) distribución de la función educativa y c) organización de los servicios educativos.

C) Tercer propuesta: siete propuestas para modernizar la escuela primaria (SNTE)

A fines de 1991, el Sindicato Nacional de Trabajadores de la Educación (SNTE), publicó un documento titulado:"Modernizar la escuela primaria", cuyas propuestas fueron:

1. Cambios en los planes, programas y textos gratuitos, que se definirían siguiendo la propuesta del método de la UNESCO

2. Programas prioritarios de mejoramiento de la calidad en campos específicos, como los siguientes: a) El aprendizaje y la utilización de la lectura y de la escritura en la escuela.; b)Las matemáticas y la familiarización con los instrumentos y habilidades de la computadora, c)La formación y el razonamiento básico en las ciencias naturales y d)La cultura cívica y de contenidos relativos a la identidad nacional.

3. Programa nacional para la actualización y profesionalización de los maestros en servicio,. Definición y puesta en marcha de los mecanismos del Programa de Carrera Magisterial. La carrera magisterial se entiende como un sistema de estímulos a la calidad, la constancia y los esfuerzos de autoformación.

4. Reforma y articulación de las instituciones existentes en un sistema para la formación inicial de maestros y de personal técnico y de investigación para la educación pública.

5. Programa de reformas a la organización y evaluación de la escuela. Sus principales líneas de acción son las siguientes:

a) Evitar sobrecargar de tareas puramente administrativas o contables, ajenas a la labor docente.

b) Construcción de la comunidad escolar en la que participen los consejos técnicos consultivos y las organizaciones de padres de familia.

c) Flexibilización de los calendarios y la extensión del año escolar a 200 días.

d) Reforzamiento del programa o turno para la prevención del fracaso escolar.

e) Evaluación diagnóstica para verificar los logros del aprendizaje al nivel del centro escolar.

Esta estrategia se considera positiva y clara, sin embargo tiene dos limitantes; en primer lugar elude enfrentar el problema de la definición e integración de la educación básica y, omite una consideración adecuada de la necesidad de descentralización, ambas planteadas claramente en el Programa de Modernización Educativa. Debe reconocerse que tanto el modelo pedagógico del CONALTE, como las siete propuestas de acción del SNTE, constituyen elementos valiosos y necesarios para cualquier propuesta de acción futura.

D) Cuarta propuesta: Acuerdo Nacional para la Modernización de la Educación Básica (mayo 18 de 1992)

Durante la gestión del **DOCTOR ERNESTO ZEDILLO PONCE DE LEÓN** como Secretario de Educación, se firmó este acuerdo por todos los gobernadores de las entidades de la federación, por los representantes del SNTE y por el Presidente de la República. Este acuerdo supone una nueva relación entre el Estado y la sociedad y de los niveles de gobierno entre sí, propicia un acercamiento provechoso entre los gobiernos locales, la escuela y la vida comunitaria, la revaloración de las funciones de los maestros y de los padres de familia en la educación básica. Lo más importante y trascendental de este Acuerdo se describe enseguida:

Los gobiernos, federal y estatales, se comprometían a través de la firma de este Acuerdo a transformar el sistema de educación básica, con el fin de asegurar a los niños y jóvenes una educación que los formara como ciudadanos de una comunidad democrática, que les proporcione conocimientos para su ingreso a la vida productiva y social y en general propicie mejores niveles de vida.

Los retos actuales de la educación

El reto de la cobertura, ya que según los resultados del XI Censo General de Población y Vivienda, relativos al año 1990, arrojaron resultados sobre las limitaciones graves de la cobertura educacional en lo que se refiere a alfabetización, acceso a la primaria, retención y

81

promedio de años de estudio y disparidades regionales muy marcadas.

El reto de la calidad de la educación básica, se encontró que esta es deficiente porque no proporciona un conjunto adecuado de conocimientos, habilidades, capacidades y destrezas, actitudes y valores necesarios para el desenvolvimiento de los educandos, para contribuir a su propio progreso social y al desarrollo del país.

La Reorganización del sistema educativo En este aspecto se requería consolidar un auténtico federalismo educativo y promover la participación social. A partir de la firma del Acuerdo, corresponde a los gobiernos estatales encargarse de la dirección de los establecimientos educativos con los que la SEP ha venido prestando sus servicios en todas sus modalidades y tipos, así como de la infraestructura, muebles y recursos financieros utilizados para su operación.

La Reformulación de contenidos y materiales educativos. El fundamento de la educación básica está constituido por la lectura, la escritura y las matemáticas, habilidades que, asimiladas elemental pero firmemente, permiten seguir aprendiendo durante toda la vida.

Era imprescindible reformar los contenidos y materiales educativos de la educación primaria, para lo cual se elaboró el Plan Emergente de Reformulación de Contenidos, con el fin de fortalecer el aprendizaje y ejercicio de la lectura, escritura, expresión oral, las matemáticas, la geometría, la historia, la geografía y el civismo, la salud, la protección del medio ambiente. En educación secundaria se reimplantó en todas las escuelas del país, el programa por asignaturas, sustituyendo al programa por áreas.

La Revaloración de la función magisterial, comprendió seis aspectos principales: la formación del maestro, su actualización, el salario profesional, su vivienda, la carrera magisterial y el aprecio social por su trabajo.

HACIA UN NUEVO PROYECTO EDUCATIVO DEL SIGLO XXI.

De manera general, se ha descrito la evolución histórica de la educación básica a través de los proyectos educativos nacionales. El último de ellos, el de la Modernización y Descentralización de la Educación Básica, tuvo una importante evaluación que dejó resultados poco satisfactorios, sobre todo si se considera que este nivel es fundamental para el logro de una escolaridad de calidad.

Los resultados de esta evaluación conjuntamente con otros trabajos de diagnóstico, permitirán integrar el proyecto educativo que requiere el país para su incorporación a un mundo cada vez más globalizado, cultural y económicamente.

El nuevo proyecto educativo deberá considerar los aciertos y logros de los anteriores, así como analizar sus errores para no caer en ellos. Es fundamental realizar un efectivo diagnóstico de la educación básica, para hacerla congruente con los intereses propios de la población escolar que la demanda y de los avances de la ciencia y la tecnología actuales, todo esto con el fin de ofrecer una educación básica significativa y de calidad, que propicie la formación de los hombres y mujeres que el país requiere para su amplio y decidido desarrollo.

PRINCIPALES MÉTODOS DE ENSEÑANZA APRENDIZAJE

CONDUCTISMO.

La teoría conductual tuvo gran impacto en nuestro medio a principios de los setenta. Mucho del entusiasmo despertado se debió en buena medida a que pugnaba por un estudio científico de la conducta humana alejado de especulaciones ambiguas y subjetivas, para en su lugar, ofrecer aseveraciones fundamentadas en hallazgos derivados de investigaciones caracterizadas por apegarse a una estricta metodología experimental.

Los supuestos básicos subyacentes a la postura conductual son: centrarse e identificar las interacciones entre la conducta de los individuos y los eventos del medio ambiente; a este resultado se le denomina relación funcional, porque al variar uno de los elementos el otro también cambia. Si bien hay desacuerdo entre los conductistas sobre quién es el agente causal, la mayoría se inclina en asignar este papel al medio ambiente. Los cambios sal acumularse dan origen a conductas de mayor complejidad, organizadas de manera lineal y jerárquica. Por ello postulan que cualquier comportamiento superior debe estar basado en conductas simples o elementales.

Para esta postura la conducta a estudiar debe ser observable para medirla, cuantificarla y finalmente reproducirla en condiciones controladas. Otra suposición esencial del conductismo es la de asumir que el comportamiento humano está sujeto a leyes; es decir, que posee una legalidad susceptible de conocerse aplicando el método científico propio de las ciencias naturales, ya que para este enfoque no hay diferencias entre ciencia natural y social. La trascendencia de identificar las leyes de la conducta estriba en que podremos entonces predecirla y controlarla. Su aproximación al objeto de estudio va de lo particular a lo general; o sea procede de forma inductiva. Eligen esta forma de conocimiento argumentando que ante la complejidad de la conducta humana no es posible ni tenemos los medios para uno de ellos por separado hasta lograr las leyes generales del comportamiento de los organismos.

Las aportaciones del conductismo a la educación han sido amplias; por citar algunos ejemplos mencionaremos los objetivos de aprendizaje en base a conductas observables y verificables del alumno; la enseñanza programada que proporciona una instrucción individualizada sin necesidad del maestro; otra es la programación conductual donde se clasifican y organizan los medios, formas y técnicas para lograr el aprendizaje. Un componente importante para obtener lo anterior es el análisis de tareas, que consiste en descomponer una habilidad en sus elementos para ir adiestrando una por una hasta lograr el pleno dominio de la habilidad. En el campo de la evaluación su énfasis ha estado en preferir aquella que compara la actuación de una persona consigo misma y no con otras, o con respecto a una norma tal como lo hacen las pruebas estandarizadas.

Dejamos a los lectores la sección de "integración" y "críticas" a las teorías expuestas; consideramos que hay elementos suficientes para hacer explícitos muchos de los postulados implícitamente manejados por ellas. Por ejemplo, luego de su análisis y discusión es posible identificar en cada corriente la noción de ciencias que manejan, en qué teoría filosófica se apoyan, cómo conciben al ser humano, cuál es el sentido último que le dan a la educación, qué papel le otorgan a la psicología para contribuir al logro de las metas y propósitos educativos, etc. Pensamos también que como resultado de la confrontación entre los postulados teóricos y la práctica educativa pueden quedar claras las limitaciones que, como cualquier disciplina, tiene la psicología para resolver los complicados problemas educativos.

Estamos conscientes de que como toda obra humana el documento tendrá carencias, mismas que esperamos no impidan su cabal aprovechamiento como material didáctico, ni limiten su utilidad para realizar una rápida consulta destinada a conocer los principales postulados de las teorías psicológicas sobre aspectos cruciales del acto educativo.

No queremos terminar estas notas sin antes decir que si logramos despertar el interés de los lectores por profundizar en algunas u (optimísticamente) todas las teorías expuestas, habrá valido la pena el esfuerzo realizado para elaborar este escrito.

J.C. y G.H.

Tal como se dijo al principio, la influencia de esta postura ha sido muy notable en México y sus contribuciones abarcan diferentes niveles y situaciones educativas. Así por ejemplo. Se ha aplicado en la educación preescolar, en primaria, o en la educación superior tal como fue el caso de la ENEP Iztacala donde el curriculum fue uno de tipo plenamente conductual (Ribes, Fernández, Rueda, Talento y López, 1980). Pero no sólo se ha utilizado en el ámbito de la educación formal sino en otros escenarios tales como las instituciones de custodia (Domínguez, 1982), centros hospitalarios, albergues, etc. pero donde su influencia es más innegable es en el campo de la educación especial a la que apoya con técnicas, procedimientos e instrumentos que han demostrado su eficacia para el diagnóstico y tratamiento de poblaciones atípicas (Ribes, 1972; Galindo, Bernal, Hinojoza, Galquera, Taracena y Padilla, 1980 y Macotela y Romay, 1992). Si bien fue preponderante el conductismo en cierta época, ante sus limitaciones otras posturas y enfoques tienen mayor influencia en nuestros días.

Metas de la educación.

De acuerdo con los conductistas, la educación es uno de los procedimientos que emplea la sociedad para controlar la conducta de las personas. Todo grupo humano requiere que la educación cumpla dos funciones esenciales: la transmisión de las pautas culturales y la innovación de las mismas. La relevancia de estas tareas se manifiesta en que "el vigor de una cultura está en su capacidad para reproducirse a sí misma... pero también tiene que cambiar si s que quiera aumentar sus posibilidades de sobrevivencia"

(Skinner, 1970). La escuela tal como existe ahora es principalmente transmisora y no innovadora, privilegia la homogeneización sobre la individualización. Por eso, para cumplir sus imprescindibles funciones requiere fomentar la diversidad y hacer de los individuos personas creativas; de ahí que la meta final de la educación no puede ser otra que el lograr "el desarrollo del máximo posible del potencial del organismo humano" (Skinner, 1975). Una tecnología de la enseñanza deriva del estudio científico de la conducta humana puede contribuir a alcanzar esa meta.

Conceptualización del aprendizaje.

Para los conductistas aprender es una modificación relativamente permanente del comportamiento observable de los organismos como fruto de la experiencia. Las condiciones básicas para que se produzca el aprendizaje son: 1) una ocasión o situación donde se da la conducta, 2) la emisión de la misma y 3) los efectos de la conducta sobre el medio ambiente, que cuando incrementan la probabilidad de la ocurrencia de la conducta se llenan reforzadores. A

90

esta triple acción se le denomina "contingencia de esforzamiento".

Las técnicas y procedimientos para conseguir el aprendizaje son el moldeamiento, donde se van reforzando diferencialmente aquellas conductas que se aproximan cada vez más al comportamiento deseado. Si al alumno le resulta difícil conseguirlo, se le puede ayudar a hacerlo, con la condición de ir retirando este apoyo hasta que lo pueda lograr por si mismo. Otra forma muy efectiva para la adquisición de nuevas conductas es la limitación, que consiste en reproducir el comportamiento mostrado por un modelo.

El papel del maestro.

Esta perspectiva concibe al profesor como un tecnólogo de la educación que aplica las contingencias de reforzamiento para producir el aprendizaje en sus alumnos. Su tarea consiste básicamente en estar continuamente monitoreando el rendimiento de sus estudiantes y corrigiendo sus respuestas. Las actividades que el profesor debe realizar son variadas: tiene que programar la

91

enseñanza mediante pasos cortos, basar los nuevos conocimientos en lo previamente aprendido por los alumnos, premiar y conducir el aprendizaje así como constatar el logro de los objetivos. Skinner se opone al uso del castigo por parte del maestro por los efectos indeseables que genera, como son los sentimientos de temor, agresión, angustia, etc.; conductas que en su opinión impiden el aprendizaje. La alternativa es diseñar situaciones de enseñanza-aprendizaje donde el aprender se convierta en un proceso agradable y satisfactorio para los involucrados. Skinner postula que la capacidad de enseñar no es algo innato ni un arte, sino un conjunto de conocimientos y habilidades que pueden ser adquiridos mediante el adiestramiento. En resumen, esta postura asigna al profesor un papel directivo y controlador del proceso de aprendizaje; se le define como "ingeniero conductual" que moldea comportamientos positivamente valorados por la escuela.

Conceptualización del alumno.

Es concebido como el objeto del acto educativo, en cuanto receptor de todo el proceso instruccional diseñado por el maestro. Para que logre un óptimo aprendizaje es necesario arreglar cuidadosamente las condiciones medioambientales.

El estudiante, como cualquier organismo, tiene que actuar antes de poder ser reforzado, de ahí la importancia de inducir la participación del alumno en el proceso, porque el aprendizaje ocurrirá cuando el estudiante interactúe con el ambiente instruccional, emita las respuestas esperadas y resulte reforzado por ello. En cierto sentido el tiene que tomar la iniciativa; todo el comportamiento mostrado debió -en última instancia- ser suyo en alguna forma antes de que empezara la instrucción. Sin embargo, el profesor tiene que inducirlo a actuar por medio de reforzadores e investigadores. Para hacer agradable la instrucción y desarrollar en el alumno un "gusto por conocer", es preferible que su conducta esté bajo control de reforzadores positivos y no aversivos o negativos.

Motivación.

Ahora bien ¿cómo fomentar en los estudiantes el deseo de aprender?. La respuesta que los conductistas dan a esta pregunta es partir de la premisa de que sus intereses y necesidades no son concebidos como ya "innatos", sino que pueden se modificados, inducidos y encaminados hacia aquellas actividades consideradas pertinentes.

Una buena manera de motivar al alumno es mediante un sistema de economía de fichas donde se recompense su buen comportamiento. Los incentivos pueden ser de diferente tipo: materiales, o cubrir otras necesidades personales. Al contrario de lo que postulan las teorías psicoanalista humanista, el conductismo cree que la satisfacción de las necesidades es la consecuencia y no el requisito para aprender. La motivación, de acuerdo a sus postulados, siempre es extrínseca, o sea controlada por factores externos.

Metodología de la enseñanza.

El primer requisito de una estrategia educativa exitosa es la presentación detallada y objetivos instruccionales, los   cuales   deben especificar la conducta terminal.

Después, desglosar las destrezas y conocimientos necesarios para el logro de los objetivos. Esto se realiza mediante un análisis de tareas donde se describen los pasos a seguir para alcanzar el dominio de un conocimiento o habilidad, desde lo que el estudiante ya posee hasta la consecución de los objetivos propuestos.

A continuación se identifican las precurrentes, es decir, los conocimientos y habilidades que ya dominan los estudiantes, determinándose la información, capacidades y destrezas que son imprescindibles para la adquisición del nuevo aprendizaje. Luego de hacerlo hay que diseñar o seleccionar los materiales y técnicas de instrucción para enseñar los conceptos y destrezas identificadas en el análisis de tareas.

Después se enseñan las respuestas nuevas por medio de la instrucción verbal, el moldeamiento, la demostración o el descubrimiento. El postulado fundamental para lograr lo anterior es que los estudiantes aprenden actuando; por lo tanto hay que solicitarle al alumno una respuesta manifiesta, darle retroalimentación correctiva inmediata y en especial manejar adecuadamente las contingencias de reforzamiento.

Una vez iniciada la enseñanza, debe evaluarse continuamente para determinar si se están alcanzando los objetivos, y en base a esa información continuar con el programa o hacer las modificaciones pertinentes. Si los estudiantes no consiguen dominar los objetivos al primer intento, hay que volver a adiestrarlos, revisar la forma de impartición procurando mejorar la instrucción donde se detecten fallas; si algo no está funcionando es porque en alguna parte del proceso instruccional hay errores y por eso el estudiante no alcanza los objetivos.

La evaluación.

La evaluación juega un papel crucial para mejorar la enseñanza, ya que al estarla checando continuamente permite detectar en forma expedita sus aciertos y errores. Es imprescindible utilizar instrumentos objetivos para constatar el logro de los objetivos conductuales.

Las principales funciones de la evaluación son identificar la problemática psicoeducativa del alumno con el objeto de programar la secuencia instruccional pertinente y al final de ella valorar los resultados de la instrucción.

Esta perspectiva prefiere la evaluación referida al criterio en lugar de la norma porque considera importante medir el desarrollo de habilidades particulares en términos de niveles absolutos de destreza y el grado de dominio de las mismas.

COGNOSCITIVISMO.

La corriente del cognoscitivismo es resultado de la confluencia de distintas aproximaciones psicológicas y de disciplinas afines, tales como la lingüística, la inteligencia artificial, la epistemología entre otras. No obstante su distinta procedencia, todas ellas comparte el propósito de estudiar, analizar y comprender los procesos mentales.

Hay la creencia generalizada de que el cognoscitivismo es una teoría homogénea pero en su interior se debaten corrientes y posturas múltiples y diversas.

Las raíces del cognoscitivismo se remontan a la psicología de la Gestalt, escuela psicológicas desarrollada a principios de este siglo en Alemania, caracterizada por enfatizar el trascendental papel que tienen los procesos perceptuales en la solución de problemas. Gestalt es una palabra alemana que significa "forma", "pauta" o "configuración". Los gestaltistas no preguntaban ¿Qué aprendió a hacer el individuo?, sino ¿Cómo aprendió a percibir la situación?, para ellos aprender no consistía en agregar nuevas huellas y quita las antiguas, sino en cambiar una gestalt por otra. Este cambio puede darse por medio de una nueva experiencia, la reflexión o el mero transcurso de tiempo. Postularon que la reestructuraciones se lograba por medio del insight o discernimiento repentino, que implica una comprensión profunda de una situación bajo un nuevo aspecto que antes no se veía.

En este trabajo se describen someramente las corrientes y aproximaciones más representativas del cognoscitivismo, como son las teorías del: procesamiento de la información, aprendizaje significativo de David Ausubel y la instruccional de Jerome Bruner. Muchas personas incluyen dentro del cognoscitivismo, a la obra piagetina, peor, en este trabajo ella será revisada en otro apartado debido a su trascendencia y magnitud.

La teoría del procesamiento de la información está interesada en estudiar las maneras en que los sujetos incorporan, transforman, reducen, almacenan, recuperan y utilizan la información que reciben. El desarrollo de la teoría se debió en gran medida al reto representado en tratar de reproducir por medio en máquinas los mecanismos utilizados por la mente para extraer y utilizar la información que recoge del medio problemática que ha derivado en la creación del campo de la inteligencia artificial. Otra aproximación es la teoría del aprendizaje significativo de David Abusel, quien se ha dedicado a investigar el funcionamiento de las estructuras cognoscitivas de las personas y a determinar los mecanismos para lograr un aprendizaje significativo en la enseñanza. Finalmente la teoría instruccional de Jerome Bruner enfatiza el valor del aprendizaje por descubrimiento, ya que "los humanos son seres activos dedicados a la construcción de su mundo" (Bruner, citado por Patterson, 1982). Estas perspectivas se ampliarán más adelante en cuanto a sus aportaciones a la educación.

El cognoscitivismo es una corriente que está teniendo gran arraigo en diferentes institucionales y escuelas del país. Entre algunos de los temas y aspectos de mayor aplicación destacan: la propuesta y desarrollo de las estrategias de aprendizaje para fomentar el autoaprendizaje en los alumnos; se trata, aunque suene un tanto lógico, de aprender a aprender. Esto es, adquirir las habilidades de búsqueda y empleo eficiente de la información para lograr la autonomía en el aprendizaje. Las ***** a sustituir y perfeccionar las llamadas "técnicas y hábitos" (Aguilar y Díaz Barriga, Nisbet y Schucksmith 1985). Otra área desarrollada es la enseñanza de la creatividad en ámbitos educativos y laborales, mediante estrategias y técnicas diseñadas específicamente para ello, cuya finalidad educativos y laborales, mediante estrategias y técnicas diseñadas específicamente para ello, cuya finalidad es fomentar la producción de ideas originales y prácticas para solucionar situaciones problemáticas. Al respecto existen libros manuales donde se describen estos procedimientos (De Bono 1974, 1991 (c) y Logan y Logan 1985). De reciente aparición son los denominados **** pensar" (Nickerson, Perkins y Smith 1987), cuyo propósito es fomentar las habilidades de análisis, razonamiento inductivo y deductivo, síntesis, solución de problemas, clasificación, pensamiento crítico, entre otras. Es decir, estos programas adiestran en los mecanismos y procedimientos generales del pensamiento y razonamiento, dejando en segundo término la adquisición de cuerpos específicos de conocimiento.

Esta prometedora propuesta busca incorporar la enseñanza de las habilidades antes descritas dentro de las escuelas mediante el adiestramiento directo; porque postulan que ante la rápida obsolescencia del conocimiento se precisa dominar estrategias que resalten el cómo pensar en lugar del que pensar. Hasta ahora las escuelas privilegian la transmisión del conocimiento y es prácticamente nulo el interés en dotar a los estudiantes de las habilidades para buscar y producir conocimientos.

Estos programas se han venido aplicando en diferentes países del mundo, principalmente Israel, Australia, Gran Bretaña y Venezuela (Nickerson et al 1987). En México algunas instituciones de los niveles medio superior los han incorporado a su curricula.

Metas de la educación.

Una antigua fábula china cuenta que hubo una vez un personaje llama Hui Zi quien siempre usaba parábolas para explicar sus ideas. Este modo de comunicarse irritaba a algunos, quienes pidieron al príncipe del reino que le prohibiera hablar así. El príncipe lo mandó llamar y le dijo "De ahora en adelante haga el favor de decir las cosas en forma directa y no en parábolas". A lo que Hui Zi replicó: "Supongamos que hay un hombre que no sabe lo que es una catapulta y me pide que se lo explique. Si yo le contesto que una catapulta es una catapulta no me va a entender, pero si yo le digo que una catapulta es como un arco y que su cuerda está hecha de bambú. ¿No lo comprenderá mejor?". Así es contestó el príncipe-; comparamos algo que un hombre ignora con algo que conoce para ayudarle a compren - -

der-"*. Dijo Hui Zi: "Si no me permite usar parábolas, ¿cómo puedo aclarar las cosas?". El príncipe convino en que Hui Zi tenía razón. (*Subrayado nuestro).

Esta fábula la suscribiría plenamente el cognoscitivismo. Ausubel en particular, dado que gran parte de sus prescripciones educativas son que la enseñanza es un puente que une lo conocido con lo desconocido y por lo tanto la tarea principal de la educación es lograr que el alumno retenga a largo plazo cuerpos significativos de conocimientos.

Los teóricos de esta corriente consideran que la educación debe contribuir a desarrollar los procesos cognoscitivos de los alumnos; para ellos es primordial conseguir que los estudiantes aprendan a aprender - esto es, a emplear las habilidades de autorregulación del aprendizaje y del pensamiento- más que la mera acumulación de información o el manejo de contenidos. Por lo tanto valoran muy positivamente que la educación promueva la curiosidad, la duda, la creatividad, el razonamiento y la imaginación. Es decir la educación debe instruir a los alumnos en un conjunto de procedimientos indispensables para la realización exitosa de tareas intelectuales.

Bruner particularmente señala que la educación tiene un papel fundamental en sociedades tan complejas como las contemporáneas, donde el lenguaje simbólico es uno de los canales de comunicación interpersonal más utilizados. Por eso la sociedad necesita no sólo socializar a las jóvenes generaciones sino sobre todo instruirlas en las reglas simbólicas o principios generales que sintetizan porciones grandes de información, porque los mismos son aspectos básicos para sobrevivir en el mundo contemporáneo. Para Bruner es esencial integrar los conocimientos con la acción y sobre todo hacer tan atractiva la enseñanza que los jóvenes tengan el deseo de seguirse preparando.

Conceptualización del aprendizaje.

Definen al aprendizaje como el resultado de un proceso sistemático y organizado que tiene un propósito fundamental la reestructuración cualitativa de los esquemas, ideas, percepciones o conceptos de las personas. Los esquemas son unidades de información de carácter general que representan las características comunes de los objetos, hechos y procedimientos así como de sus interrelaciones (Aguilar, 1988).

Ausubel en particular concibe el aprendizaje como un proceso dinámico, activo e interno; un cambio que ocurre con mayor medida cuando lo adquirido previamente apoya lo que se está aprendiendo, a la vez que se reorganizan otros contenidos similares almacenados en la memoria. Ausubel distingue varios tipos de aprendizaje: el significativo se da cuando se puede relacionar de

104

manera lógica y no arbitraria lo aprendido previamente con el material nuevo, tal como lo expresa la fábula anteriormente expuesta; el repetitivo es el resultado de asociadores arbitrarias y sin sentido del material, es el que peyorativamente se denomina "memorístico". Finalmente el aprendizaje puede ser receptivo cuando se le da al estudiante el contenido por aprender y por descubrimiento cuando tiene que buscar las reglas y conceptos y procedimientos del tema a adquirir, Ausubel aclara que no necesariamente el aprendizaje por descubrimiento es significativo, ya que también puede existir un aprendizaje significativo por recepción; lo fundamental en todo caso es conseguir este tipo de aprendizaje.

Papel del maestro.

La tarea principal de los docentes no es transmitir conocimientos sino fomentar el desarrollo y práctica de los procesos cognoscitivos del alumno. Su obligación consiste en presentar el material instruccional de manera organizada, interesante y coherente, sobre todo su función es identificar los conocimientos previos que los alumnos tienen acerca del tema o contenido a enseñar, para relacionarlos con lo que van a aprender. Debe procurar hacer amena y atractiva la clase teniendo en cuenta que al fin último de su labor es lograr el aprendizaje significativo.

Concepto del alumno.

El aprendiz es visto como un activo procesador de la información y el responsable de su propio aprendizaje. Es alguien que, para utilizar las palabras Bruner, va más allá de la información expuesta para construir su propia realidad. Se conoce también que los estudiantes tienen distinta manera de aprender, pensar, procesar y emplear la información; estas características son denominadas "estilos cognoscitivos". Para el cognoscitivismo es esencial averiguar cuáles son los conocimientos y esquemas que el alumno posee para utilizarlos como apoyo y cimiento del nuevo aprendizaje.

La motivación.

Los cognoscitivistas consideran que la conducta humana está dirigida por la forma en que los individuos perciben las cosas; por eso cuando surge un problema se crea un desequilibrio y el poder superarlo impulsa la acción (Blehler y Snowwman, 1990). De ahí la convivencia de que el docente provoque desequilibrios para la búsqueda de equilibrio se convierta en el motor del aprendizaje. Esta perspectiva cree que la enseñanza puede ser un proceso placentero y fascinante y no algo enfadoso, mecánico y aburrido. Una actividad tan atractiva como para lograr que los estudiantes descubran que la adquisición de conocimientos puede ser un fin en si mismo y la satisfacción derivada por saber mas es un placer comparable a cualquier otro. Los beneficios derivados de lograr lo anterior será que la persona buscará los mecanismos y formar para satisfacer su propia curiosidad intelectual, lo hará porque lo desea y no debido a que el profesor se lo ordenó o para obtener una calificación. En suma, para los cognoscitivistas lo ideal es que la motivación por estudiar este dirigida por aspectos internos y no por presiones externas.

Metodología de la enseñanza.

Como hemos insistido, para el cognocitivismo la enseñanza debe estar encaminada a promover la capacidad de aprendizaje del estudiante, perfeccionando las estrategias que promuevan la adquisición de cuerpos de conocimientos relevantes y que sean retenidos a largo plazo. En este sentido la metodología de la enseñanza desprendida de esta postura se centra en la promoción del dominio de las estrategias cognoscitivas, metacognoscitivas (saber que se sabe), autorregulatorias y la inducción de representaciones del conocimiento (esquemas) mas elaboradas e inclusivas.

Dentro de esta postura se distinguen dos tipos de estrategias: las instrucciones y las de aprendizaje. La primera es utilizada por el profesor para diseñar situaciones de enseñanza, como por ejemplo, adecuar el material educativo a los esquemas de los alumnos para mejorar el proceso instruccional y facilitar así el aprendizaje de los mismos (Díaz Barriga y Aguilar, 1988). Ejemplo de este tipo de estrategia es el organizador anticipado, que consiste en presentar antes de la información más detallada o específica, un principio general y abarcador, el cual va a servir como puente para relacionar los conocimientos previos del alumno con la información nueva y facilitar su incorporación a los esquemas. Otros recursos instruccionales son la presentación de resúmenes, ilustraciones, preguntas intercaladas, redes semánticas, mapas conceptuales, etc.

Las estrategias inducidas o de aprendizaje son habilidades, hábitos, técnicas y destrezas utilizadas por el alumno para facilitar su aprendizaje, permitiéndole una mejor asimilación, comprensión y recuerdo de la información. Son ejemplos de este tipo de estrategia: el auto- interrogatorio, la imaginación, el identificar las ideas claves del material expuesto y la elaboración significativa de la información. En el cuadro 1 aparecen ejemplos y definiciones de ellas.

Como resulta evidente, éstas estrategias pretenden que el alumno se haga cargo de su propio proceso de aprendizaje y ayudarlo a mejorar su rendimiento académico. Situaciones concretas que ilustrar dónde se han aplicado las técnicas y procedimientos antes descritos pueden encontrarse en la tesis de Espinosa y Cortés (1989), así como en el trabajo de Díaz Barriga (1990).

Para lograr la consolidación de los conocimientos y habilidades adquiridas es imprescindible la práctica de los mismos. Se recomienda que ella ocurra en fases distintas; una es la temprana, que se da poco después de haber aprendido el material; la otra es luego un lapso de tiempo o práctica demorada, otra se aplica entre contenidos parciales de un material amplio, y la última sucede al final de un contenido de aprendizaje complejo. La finalidad de estos tipos de prácticas es lograr una diferencia clara entre distintos contenidos (García, 1989).

MODELO PEDAGÓGICO BASADO EN COMPETENCIAS

Resumen

Las transformaciones que ha atravesado la sociedad en este inicio de siglo, han afectado al quehacer educativo de las IES, por lo que se plantea una reforma, la cual incorpora modelos educativos basado en competencias, los cuales se caracterizan por ser modelos centrados en el aprendizaje, y la aplicación de estos modelos se deben de implementar en la universidad.

Introducción

El modelo educativo basado en las competencias tiene varios referentes, sin embargo, la definición más clara la da la Organización Internacional del Trabajo (OIT), quien las define cómo "el conjunto de conocimientos, habilidades, destrezas y actitudes cuya aplicación se traduce en un desempeño superior, que contribuye al logro de los objetivos claves del negocio" (OIT, 1996).

Las competencias se relacionan de manera directa con una ejecución integradora de aspectos variados del conocimiento ordinario para toda la vida, la cual incluye potenciar aptitudes, rasgos de personalidad, conocimientos teóricos y praxis social, lo cual permite que el estudiante que se forme bajo esta visión, pueda no solamente incorporarse a los procesos productivos, sino pueda entender el contexto social en el que se desenvuelve, por lo que se da un modelo integral de educación.

El modelo por competencias: el reto del siglo XXI

La OIT ha diseñado cuatro grupos de competencias, que son:

A) Competencias básicas. Son aquellas de requerimientos mínimos necesarios, como, lectura y escritura, interpretación de símbolos, dialogo y comunicación, identificar disciplinas y jerarquías, etc.

B) Competencias genéricas. Tienen un mayor grado de transversalidad, se trata de las competencias que son comunes a distintas familias ocupacionales.

C) Competencias específicas. Hablan del conocimiento con más contenido concreto hacia una determinada función u ocupación tendiendo a la especialización.

D) Competencias sociales. Son inseparables de las otras para un trabajador y habla del vínculo de este como ser inmerso en un marco social determinado, la competencia social identifica a un trabajador activo, críticamente analítico de los cambios en el mercado de trabajo y su incidencia en la sociedad, en su entorno, en la cultura, en los hábitos de consumo, medio ambiente, etc. (OIT, 1996)

En este sentido, la conversión al modelo de competencias se podría realizar con una serie de estrategias que permitan empezar a vincular la docencia – investigación y el campo profesional, las cuales podrían ser:

Un plan de estudios estructurado de forma tal, que permita tener un programa educativo centrado en el aprendizaje, el cual se equilibro entre materias teóricas, con una fuerte área de especialización, la cual posibilita que el alumno tenga una visión integral de lo que es la práctica con la teoría.

Cuerpos Académicos (CA) que permitan generar estrategias de vinculación y asociación, por medio de la generación, la difusión y la distribución social del conocimiento que promuevan el desarrollo regional.

Crear departamentos expresos tanto para la vinculación con distintas áreas del mundo productivo de la región y del Estado, creando una serie de convenios en las cuales los alumnos pueden llevar a cabo su servicio social, y posteriormente consolidar una estrategia de estancias en empresas.

Crear materias optativas que permitan tener una formación integral basada en competencias que complementen sus habilidades como futuros profesionistas. La lógica de estas materias es el desarrollo de una serie de habilidades y competencias, las cuales les permita a los estudiantes generar una visión integral amplía y lo más cercana a la realidad social en la que se desenvolverán.

Crear postgrados que vinculen las áreas de docencia e investigación, los cuales no tengan un enfoque exclusivamente profesionalizante, sino también tengan componentes de investigación, lo cual solventa la relación de una educación por competencias.

Basados en los criterios previamente señalados, se hace necesaria una reforma educativa en dos sentidos, (a) las transformaciones en el paradigma educativo, el cual nos lleve a fortalecer los enfoques educativos centrados en el aprendizaje, (b) lo cual permita no sólo la formación del estudiante, sino también a la transformación del papel del docente universitario.

En este sentido, resulta fundamental una transformación que facilite la reconversión del modelo psicopedagógico. Para esto se requieren de profesores que promuevan el desarrollo de competencias, poniendo en juego sus habilidades docentes para: diagnosticar, planear, diseñar estrategias y evaluar los aprendizajes; lo cual sólo puede concretarse mediante ambientes de aprendizaje donde el docente asume el rol de gestor y facilitador de los mismos.

Pero también es necesario establecer una serie de reformas institucionales, las cuales pongan en las coordenadas de las transformaciones sociales a la UV, a fin de cuentas, el modelo de competencias esta basado en tratar de responder a las distintas necesidades que la sociedad presenta y que los sistemas de educación -y en este caso a la educación superior-, tienen que solucionar.

Estrategias del modelo Educativo por Competencias y Centrado en el Aprendizaje Este modelo que como ya se dijo se caracteriza por su flexibilidad como una forma de hacer significativo el proceso enseñanza aprendizaje, en el caso de la Universidad Autónoma de Chihuahua, descansa sobre cuatro vertientes específicamente. Estrategias Propósito Disminuir o eliminar la seriación e incluir materias Optativas Permitir la apertura y clausura de cursos y la modificación de contenidos, de acuerdo con los avances científicos y tecnológicos y con los intereses personales e

115

institucionales, con el fin de eliminar la obligatoriedad de los cursos. Reducir la carga académica en el plan de estudios Incrementar significativamente el porcentaje de actividades encaminadas a la investigación y de prácticas de campo, complementadas con cursos de apoyo teórico metodológico, donde se fortalezcan los aspectos de tipo procedimental. Permitir la participación activa del estudiante en el diseño de su plan de estudios Brindarle la oportunidad, con el apoyo de su tutor, de seleccionar cursos o actividades complementarias u optativas, conforme a sus intereses y capacidades. Emplear el sistema de créditos como criterio unificador y de evaluación del trabajo académico Posibilitar un lenguaje común al partir de criterios normativos homogéneos, esto también contribuye a que los estudiantes logren diseñar su propio programa académico. Incorporar la tutoría en apoyo del Proporcionar al alumno la guía y el apoyo necesarios para que sus decisiones sean las correctas

Bibliografía mínima consultados.

Arancibia C. Violeta et al. Psicología de la Educación. Editorial Alfaomega. México.

1999. 2ª. Edición

Meyer, Jean. La Cristiada. Editorial Siglo XXI. México 2004.

Roberto Mares (compilador). Los Grandes Mexicanos. Lázaro Cárdenas. Editorial Cienfuegos. 2001.

Varios autores. Historia Mínima de la Educación en México. Editado por El Colegio de México. México. 2002.

Vasconcelos, José. Historia del pensamiento filosófico. Editorial. Trillas. Mexico.2007.

Vasconcelos, José. La raza cósmica. Editorial Trillas. México. 2000.

Villalpando, José Manuel y Rosas, Alejandro. Presidentes de México. Booket. (libro electrónico) Disponible en línea.

Yuren Camarena, María Teresa. La filosofía de la educación en México. Editorial Trillas, México. 2008. 320 pp.

http://www.conaculta.gob.mx/detalle-nota/?id=19142#.U95mRuN5NH0

http://www.difusioncultural.uam.mx/casadeltiempo/25_iv_nov_2009/casa_del_tiempo_eIV_num25_11_14.pdf

http://www.bibliotecavasconcelos.gob.mx/info_detalle.php?id=63

http://presidentes.mx/presidentes/adolfo-de-la-huerta/

http://biblioweb.tic.unam.mx/diccionario/htm/articulos/sec_31.htm

http://hispanismo.org/hispanoamerica/4562-la-cristiada-de-mexico.html

http://www.ipn.mx/Paginas/inicio.aspx

http://info4.juridicas.unam.mx/unijus/cmp/leguniv/rectores/r25.pdf

http://biblioweb.tic.unam.mx/diccionario/htm/articulos/sec_6.htm

http://educacioncontemporaneamexicana.blogspot.mx/2007/12/manuel-vila-camacho.html

http://educacioncontemporaneamexicana.blogspot.mx/2007/12/miguel-alemn.html

http://educacioncontemporaneamexicana.blogspot.mx/2007/12/adolfo-ruiz-cortines.html

http://mexicoeducacion.blogspot.mx/2007/12/adolfo-ruz-cortines-y-su-gestin.html

http://www.jornada.unam.mx/2008/05/15/index.php?section=opinion&article=a04a1cul

http://avilacamacho419.blogspot.mx/2010/04/educacion.html

http://impulsoinformativo.net/2013/05/30/lazaro-cardenas-y-la-educacion-socialista-en-mexico-1934-1940/

http://www.sep.gob.mx/es/sep1/Semblanza_Jose_Vasconcelos#.U95mHuN5NH0

http://www.sep.gob.mx/es/sep1/Semblanza_Jaime_Torres_Bodet#.U95prON5NH0